José Antonio Saco

Memoria sobre la vagancia en Cuba

Barcelona **2024**
Linkgua-ediciones.com

Créditos

Título original: *Memoria sobre la vagancia* en Cuba.

© 2024, Red ediciones S. L.

e-mail: info@linkgua.com

Diseño de cubierta: Michel Mallard.

ISBN rústica: 978-84-9816-679-8.
ISBN ebook: 978-84-9897-847-6.

Cualquier forma de reproducción, distribución, comunicación pública o transformación de esta obra solo puede ser realizada con la autorización de sus titulares, salvo excepción prevista por la ley. Diríjase a CEDRO (Centro Español de Derechos Reprográficos, www. cedro. org) si necesita fotocopiar, escanear o hacer copias digitales de algún fragmento de esta obra.

Sumario

Créditos _____ **4**

Brevísima presentación _____ **7**
   La vida _____ 7

**Memoria sobre la vagancia
en la Isla de Cuba** _____ **9**
   Observaciones sobre esta memoria _____ 9

Memoria, etc. _____ **15**

**Primera explicación de las causas
de la vagancia en la Isla de Cuba,
e ideas más oportunas
para atacarla en su origen** _____ **17**
   Juego _____ 17
   Loterías diarias en los cafés y otros parajes públicos _____ 22
   Billares _____ 26
   Multitud de días festivos y diversión que en ellos se ofrece al pueblo _____ 29
   Falta de caminos _____ 30
   Falta de casas de pobres _____ 31
   Falta de asilo para los niños desvalidos _____ 32
   Falta de disciplina en las cárceles _____ 33
   Foro _____ 33
   Corto número de carreras y ocupaciones lucrativas _____ 39
   Estado imperfecto de la educación popular _____ 40
   Preocupación de las familias _____ 49
   Las artes están en manos de la gente de color _____ 49
   ¿La fertilidad y abundancia de la isla de Cuba? _____ 55
   ¿Clima? _____ 56

Parte segunda _____ **61**

Objetos a que pueden aplicarse los vagos _____61

Libros a la carta _____ **67**

Brevísima presentación

La vida
José Antonio Saco y López-Cisneros (1797-Barcelona, 1879). Cuba.

Nació en el oriente de Cuba, en la ciudad de Bayamo y tras la muerte de sus padres se desplazó a La Habana. Allí fue discípulo de Félix Varela en el Seminario de San Carlos, donde se graduó como bachiller en Derecho Civil en 1819.

Saco terminó sus estudios de filosofía en la Universidad de La Habana en 1821. En varias ocasiones fue diputado a las Cortes españolas, pero sus críticas a la metrópolis lo obligaron a exiliarse. Saco viajó por Europa y Estados Unidos y colaboró en diversas publicaciones de la época, entre ellas la *Revista Bimestre Cubana*, de la que fue director.

La reflexión sobre los rasgos psicosociales del cubano fue una constante en las obras de los ideólogos criollos del siglo XIX, marcadas por la pretensión de alcanzar un mejoramiento social. En la primera mitad de dicho siglo Félix Varela, José Antonio Saco, José de la Luz y Caballero y Domingo del Monte tuvieron un significativo interés por esta cuestión. La *Memoria sobre la vagancia* en Cuba, es ejemplo de esta línea del pensamiento insular.

Memoria sobre la vagancia en la Isla de Cuba

Escrita por don José Antonio Saco en 1830, premiada por la Real Sociedad Patriótica de La Habana en diciembre de 1831, publicada primero en la *Revista Bimestre Cubana* perteneciente al mes de abril de 1832, y después en el *Diario de La Habana* de los días 29 y 30 de junio, y 1º y 2 de julio de 1834.

Observaciones sobre esta memoria

Cuando la Sociedad Patriótica de La Habana abrió un público certamen en abril de 1829, uno de los asuntos que propuso, fue el de la vagancia cubana. Yo no pude entonces consagrarme a él, porque di la preferencia a la *Memoria sobre caminos*, que fue otro de los temas señalados en aquel programa; mas, como el de los trabajos que acerca de la vagancia se presentaron, ninguno llenase la expectación de la Sociedad, ésta volvió a proponer el mismo asunto para el concurso de 1830. Aprovechando yo esta ocasión, escribí en aquel año la Memoria que ahora imprimo por tercera vez, y la que, para mejor guardar el anónimo, supuse haber extendido en La Habana y no en Nueva York donde todavía me hallaba. El oficio cerrado que entonces dirigí al director de la Sociedad, enviándole mi Memoria fue el siguiente:

> Una *Memoria sobre la vagancia* en la isla de Cuba, que empieza
> «Tan graves son algunas» que acaban «devorando sus entrañas», es el corto homenaje que hoy tributo a la Real Sociedad Patriótica de La Habana. Si él no fuere digno de su aceptación, espero a lo menos que le concederá su indulgencia. Dios guarde a V. S. muchos años.
> Nueva York y octubre 8 de 1830.
> JOSÉ ANTONIO SACO.
> Señor director de la Sociedad Patriótica de La Habana.

El buque que conducía esta Memoria, corrió un temporal; y cuando aquél arribó a La Habana, y ésta fue presentada al director de la Sociedad, ya se había cerrado el concurso de 1830. Pero si, por una parte, el acaso retardó la oportuna presentación de mi Memoria; por otra, sucedió, que ninguna de las demás que entraron de nuevo a disputar el premio, pudo alcanzarlo. Esto me dejó franca la puerta para el certamen de 1831.

Si el mar embravecido puso obstáculos, para que mi Memoria llegase pronto a las playas de Cuba, asaltáronla después peligros de otro género, y mucho más graves que el primero. Recibida que fue en La Habana, el primer paso que se dio, fue someterla confidencialmente a la consulta privada de una persona, muy respetable por cierto, para que dijese, si podía presentarse al concurso sin ningún compromiso político. Esta persona, que ya murió, y de cuyos labios recogí lo que ahora estoy contando, fue don Justo Vélez, director entonces del Colegio de San Carlos, quien opinó, que hallándose la Memoria enteramente ajustada al programa propuesto por la Sociedad, debía de presentarse al concurso. Presentose en efecto, y obtuvo el primer premio, que consistía en patente de Socio de Mérito, una medalla de oro, y 200 pesos, los cuales cedí a las escuelas pobres de La Habana del mismo modo que lo hice, cuando fue premiada mi *Memoria sobre caminos*. Pero la comisión nombrada por el Cuerpo patriótico para calificar el mérito de las obras presentadas en 1831, a pesar de que consideró a la mía como digna de todo el premio ofrecido, temió equivocadamente incurrir en el desagrado del gobierno, y para asumir su responsabilidad, o mejor dicho, para dar, si puedo expresarme así, el pasaporte a la Memoria, añadió en su informe, *que ésta, antes de imprimirse, debía de revisarse, para enmendar uno que otro período que estaba en contradicción con nuestras costumbres, lo cual, yo mismo podía hacer de acuerdo con la comisión calificadora.*

No obstante que yo estaba íntimamente penetrado de las rectas intenciones de la comisión, pues que todos sus miembros eran amigos míos, y dos de ellos mis condiscípulos; no obstante que sus ideas en punto a la Memoria estaban enteramente de acuerdo con las mías; no obstante, en fin, que ellos llevaron conmigo su delicadeza hasta el extremo de autorizarme, para que yo por sí solo hiciese las correcciones a mi manera, confieso que no pude resignarme al fallo que se había pronunciado. Él había merecido la aprobación de la Sociedad, y debiendo quedar consignado en sus actas, yo le consideré como un borrón que me manchaba. Para limpiarme de él, mi primera diligencia fue, luego que llegué a La Habana, someter a la censura, sin ninguna enmienda ni alteración, una copia exacta de la Memoria que se hallaba en poder de la Sociedad. Examinada primero por uno de los censores regios, y después por el excelentísimo señor capitán general, entrambos me autorizaron sin el más leve reparo, para que la imprimiese tal cual estaba. Imprimila en efecto, y a pocos días circuló por toda la Isla en el número 6 de la *Revista Bimestre Cubana*.

A mí no se me ocultaba la situación embarazosa en que la publicación de esta Memoria había puesto a la Sociedad Patriótica, pues no le quedaba más alternativa, que o una retractación, o un desaire. Sentíalo yo sobremanera; pero me consolaba la idea de que en mi mano estaba el sacarla con honor, sin mancillarme yo. Para hacerlo, esperé que ella tratase de imprimir la Memoria en su periódico, y cuando se me pidió el manuscrito con las correcciones que se supuso había yo hecho, pasé el oficio que sigue al venerable prócer cubano, al señor conde de Fernandina, director entonces de la Sociedad Patriótica de La Habana.

«Excelentísimo señor:

»Cuando después de mi regreso de los Estados Unidos de Norteamérica supe, que la Real Sociedad Patriótica de La Habana se había dignado tomar en consideración la Memoria que sobre vagancia en la isla de Cuba tuve el honor de dirigirle a fines de 1830, también llegó a mi noticia, que en medio de los elogios con que la comisión calificadora se sirvió distinguirla, creyó que antes de procederse a su impresión, debía de *revisarse y enmendarse uno que otro período que está en contradicción con nuestras costumbres, encargándose este trabajo a la misma comisión calificadora, para que lo desempeñase de acuerdo con el autor de la Memoria.*

»Respetuoso y deferente al dictamen de las personas que compusieron aquella comisión, mi primera solicitud fue recoger el manuscrito que yo había presentado a la Sociedad Patriótica; mas, habiéndole repasado y meditado con el interés que exigía un asunto de tanta importancia, encontré, que lejos de advertir en mi Memoria períodos que estuviesen en contradicción con nuestras costumbres, tan solo lo estaban con los vicios que en ella se combaten. No satisfecho todavía con mi íntimo convencimiento, aun quise avanzar un poco más; y sometiendo el mismo manuscrito al examen de uno de los señores censores regios, y después a la aprobación del excelentísimo señor gobernador y capitán general don Francisco

Dionisio Vives, ambos estamparon sus firmas sin hacer ningún reparo, autorizándome para que lo imprimiese libremente. Dilo en efecto a luz en el número 6º de la *Revista Bimestre Cubana*; y el juicio favorable que mereció mi Memoria de cuantas personas sensatas y honradas la leyeron, me confirmó más en la opinión, de que ella no contenía ningún período contrario a nuestras costumbres.

»En estas circunstancias se me pide ahora, señor excelentísimo, un ejemplo de ella para insertarlo en la colección de las Memorias de la Sociedad Patriótica. Pero ¿en qué términos, señor excelentísimo, se ha de imprimir en ellas? ¿Será con las enmiendas que deben de hacerse según el juicio de la comisión calificadora? Entonces quedarán desairadas la opinión del señor censor regio y la autoridad del excelentísimo señor gobernador y capitán general, quienes me facultaron plenamente para que la publicase sin ninguna alteración ni enmiendo. ¿Serán sin éstas? Ved aquí ya desatendido el dictamen de la comisión calificadora, y hasta cierto punto comprometido el decoro de la Sociedad Patriótica que adoptó como suya la opinión de aquella junta. Y si para salvar ambos escollos, se determina no publicar la Memoria, ¿cómo se me niega una justicia, y se me priva de un honor que la misma Sociedad me ha dispensado?

»En tan difícil situación, ocurro a V. E. para que poniéndose de acuerdo con la Sociedad, se sirva sacarme de los embarazos que me rodean, y señalarme la senda honrosa que debo seguir.

»Dios guarde a V. E. muchos años.
Habana diciembre 10 de 1832.
Excelentísimo señor.
JOSÉ ANTONIO SACO.
Excelentísimo señor director de la Sociedad Patriótica de La Habana».

Si mi corazón fuera capaz de abrigar el ruin sentimiento de la venganza, yo habría visto con cierta complacencia el embarazo en que este oficio puso a la Sociedad; pero apresurándome a ofrecerle la única salida honrosa que tenía, pasé al mismo señor director otro oficio que es el que va a continuación.

«Excelentísimo señor:

»Habiéndose publicado ya en la *Revista Bimestre Cubana* mi *Memoria sobre la vagancia* en la isla de Cuba, sin ninguna corrección ni enmienda, y pudiendo nacer algunas dificultades de la reimpresión de que ahora se trata, me parece que todo quedará conciliado, retirando yo el manuscrito que tuve el honor de presentar a la Sociedad Patriótica. Si V. E. se digna acceder a esta solicitud, no solo llenará un deber de justicia, sino que me honrará con un favor.
»Dios guarde a V. E. muchos años. —Habana y diciembre 15 de 1832.
Excelentísimo señor.
JOSÉ ANTONIO SACO.
Excelentísimo señor director de la Sociedad Patriótica de La Habana».
Este oficio explica, como habiendo alcanzado el primer premio mi *Memoria sobre la vagancia*, y como habiéndose impreso en la *Revista Bimestre Cubana*, y en el *Diario de La Habana*, no aparece, sin embargo, en las Memorias de la Sociedad Patriótica de aquella ciudad.

Memoria, etc.
Tan graves son algunas de las enfermedades morales que padece la isla de Cuba, que la Sociedad Patriótica de La Habana se apresura a buscarles remedio; y llamando la atención pública hacia un objeto de tanto interés, desea que «expliquen en una Memoria las causas de la vagancia en esta Isla, y que se propongan las ideas más oportunas para atacarla en su origen, mejorando la educación doméstica y pública, e indicando también objetos a que puedan aplicarse los individuos que se hallan en tal caso».

A primera vista parece, que este trabajo debiera dividirse en tres partes, explicando en la primera las causas de la vagancia; exponiendo en la segunda, los medios de atacarla en su origen; e indicando en la tercera, los objetos a que puedan destinarse los vagos: pero como la primera y segunda partes están íntimamente enlazadas, y su separación no solo cortaría el hilo de las ideas, sino que me forzaría a volver sobre mis pasos, haciendo frecuentes repeticiones, me he determinado a refundirlas en una sola, pues que exponiendo al pie de cada causa los medios de removerla, doy más enlace y brevedad a esta *Memoria*. Partirela, pues, en dos partes principales, y sea la

Primera explicación de las causas de la vagancia en la Isla de Cuba, e ideas más oportunas para atacarla en su origen

Juego

No hay ciudad, pueblo, ni rincón de la isla de Cuba, hasta donde no se haya difundido este cáncer devorador. La vagancia es quizá el menor de los males que produce, pues hay otros de naturaleza tan grave, que solo podrán mirarse con indiferencia, cuando ya se hayan apagado en el corazón los sentimientos de justicia y de moralidad. Las casas de juego son la guarida de nuestros hombres ociosos, la escuela de corrupción para la juventud, el sepulcro de la fortuna de las familias, y el origen funesto de la mayor parte de los delitos que infestan la sociedad en que vivimos. Si pudiéramos empadronar las personas entregadas a este vicio infame, y computar el valor de lo que ganarían trabajando, durante el tiempo que emplean en el juego: si pudiéramos saber, aunque fuese aproximadamente, a cuánto ascienden las cantidades perdidas, y seguir la larga cadena de desastres que necesariamente acarrea, entonces conoceríamos nuestra deplorable situación, cesaríamos de llamarnos *opulentos* y *felices*. ¿Puede ser opulento y feliz un pueblo donde muchos de sus habitantes son víctimas de las enfermedades morales? No hay felicidad sin la paz y el contento del alma, no hay paz ni contento sin virtudes, sin virtudes no hay amor ni constancia en el trabajo, y sin trabajo no hay riquezas verdaderas. Llámennos en buena hora opulentos y felices, aquellos que trastornando el nombre de las cosas, pretenden arrullarnos con el acento de esas palabras encantadoras; pero el hombre reflexivo que sabe distinguir las operaciones de la naturaleza, de los esfuerzos de la industria; y que no confunde las combinaciones de la prudencia con los resultados de la casualidad, jamás dirá, que es feliz un pueblo, donde hay dolencias morales tan difíciles de curar, como de grave trascendencia. La que ahora lamento, es de las más funestas, porque sus consecuencias son terribles: la más general de todas, porque se juega desde la punta de Maisí hasta el cabo de San Antonio; y quizá también la de más difícil curación, porque aunque este vicio no es de aquellos que tienen su fundamento en la naturaleza, está, sin embargo, muy arraigado entre nosotros, y no es probable que en todas partes se persiga con igual tesón; y aun cuando así sea, puede practicarse ocultamente, burlando algunas veces la vigilancia de la autoridad.

Mas, a pesar de estos inconvenientes, yo creo, que si se le ataca con firmeza, en breve se producirán grandes bienes, pues aunque es imposible extinguirle, porque en todos los países hay siempre hombres para todo, el mal quedará reducido a un corto número de jugadores. El feliz ensayo que de tiempo en tiempo se ha hecho en algunos pueblos de la Isla, es el mejor agüero de las ventajas que se pueden alcanzar. Muchos juegan por la facilidad que en todas partes se les ofrece, y por la impunidad con que cuentan; pero cuando aquélla se obstruya, y ésta no exista, el número de jugadores se disminuirá. Nunca debe olvidarse, que el hábito tiene a veces en los vicios más influjo que la perversidad del corazón, y de aquí es, que muchos hombres, conociendo el mal que hacen, y aun arrepintiéndose de sus acciones, no pueden, sin embargo, contenerse, y vuelven a perpetrar lo mismo que poco antes detestaran. ¡Cuántos padres de familia, que hoy viven dados al juego, no se alegrarían de ver cerradas para siempre las mismas casas que hoy frecuentan a su pesar, y que son el origen de su ruina!

Otros, que juegan por especulación, o que tienen cifrada la subsistencia en esta carrera infame, buscarían otra decente, al ver que aquélla ya no les produce lo que apetecen; y si todavía perseveran en ella, las inquietudes que ha de causarles la persecución constante de la justicia, el riesgo de perder su dinero si son sorprendidos por ella, y el temor al castigo que irremisiblemente debe imponérseles, retraerán a muchos de una vida tan angustiada, quedando tan solo en ella, los que connaturalizados con el vicio, no den esperanza alguna de mejora. Aun el número de éstos también disminuirá, si se les aplican las penas de la ley, pues como miembros corrompidos, deben cortarse para que no infesten el cuerpo social. Pero es preciso que lo digamos con franqueza: tan grandes ventajas no pueden lograrse sin energía en las autoridades, y sin formar, por decirlo así, una conspiración general contra el juego; porque si un alcalde persigue, y la opinión le censura; si otro protege o disimula, y la opinión le celebra: si los esfuerzos del que ha empeñado la vara en el año anterior, no son sostenidos por los del sucesor;

y si mientras se cierra una de esas sentinas, se abren otras por empeños o consideraciones, entonces estamos perdidos, y yo confieso que malgasto el tiempo en escribir esta Memoria.

Yo no solo quisiera ver cerradas todas las casas de juego, sino que éste tampoco se permitiese en las fiestas y ferias, que con varios pretextos se celebran en La Habana y fuera de ella. Que el pueblo baile y cante, que meriende y se pasee, racional y provechoso es; pero que casi nunca se oiga sonar una cuerda, ni se vean reunidas 10 o 20 personas sin que tropecemos con el vergonzoso espectáculo de una mesa de juego, cosa es que jamás se debe tolerar. Nada importa que estas prácticas viciosas quieran cubrirse con el velo de la religión, o con las apariencias de bien público. Ni aquélla, ni éste, deben sostenerse con tan infames recursos, pues cada moneda que a nombre del juego entra en el santuario o en las arcas públicas, es una profanación del mismo ser a quien se tributan, y una ofensa mortal que se hace a las leyes y a las costumbres. Tales juegos son muy peligrosos, porque expuestos a la vista del público, acompañados casi siempre de la música o el canto, concurridos de nuestras señoritas y matronas, de nuestros jóvenes y ancianos, y exentos del aire sombrío que cubre las casas permanentes de juego, estimulan y halagan a muchos que en otras circunstancias no se atreverían a pisar ni aun sus umbrales.

Si examináramos la historia de los individuos que han caído en vicio tan detestable, descubriríamos que en estas ferias fue donde muchos de ellos dieron los primeros pasos. Empezaron quizá por mero entretenimiento, o por satisfacer una curiosidad; pero asaltándoles después el deseo de ganar o de reparar las pérdidas; y aumentándose este deseo con aquella especie de grata sensación que causa la incertidumbre de los lances de cada juego, porque si bien atormenta, también complace el espíritu, fueron formando poco a poco el hábito, y encendiendo una pasión que ya no pueden reprimir. El gobierno, pues, debe mirar estas ferias como las escuelas donde la incauta juventud hace las más veces su funesto aprendizaje; y si bien debe permitir en ellas que el pueblo se divierta sin desorden, jamás debe consentir que se corra ni una carta.

Mucho se habrá adelantado, cuando ya no existan juegos, ni en las ferias, ni en las casas públicas; pero este vicio no podrá extirparse, mientras prevalezca la costumbre de jugar en casas particulares, porque gozando algunas de prestigio, y concurriendo a ellas personas de distinción, se presenta a las clases inferiores un ejemplo pernicioso. Este mismo prestigio y esta misma distinción quizá servirán de contrapeso a la autoridad, que no atreviéndose a entrar en lucha con un enemigo que se cree fuerte, tan solo porque no se le combate, se verá reducida a sufrir en silencio el quebrantamiento de las leyes y la continuación de los males que deploramos. Bien veo, que atendida nuestra condición, no es probable que todas las autoridades tengan la energía de arrostrar respetos y consideraciones; pero también sé, que ha habido, y habrá algunas que cumpliendo su deber, ofrecerán a las demás ejemplo digno de imitación.

Es innegable, que la persecución será uno de los medios más eficaces para acabar con el juego; pero no debe fiarse a ella sola tan grande empresa. Es preciso ir haciendo una revolución en las costumbres, que aunque lenta, no por eso dejará de ser cierta. Nada es más común entre nosotros, que emplear mucha parte del tiempo en juegos de baraja, que si bien están permitidos, producen, sin embargo, bastante daño. Después de concluidos los trabajos del día, juegan algunos por recreo; pero hay otros, que abandonando aun sus obligaciones más sagradas, pasan muchas horas entregados a unos juegos que se llaman inocentes, a pesar de que a veces se pierden en ellos grandes cantidades de dinero. A tales hombres podrá dárseles el nombre que se quiera; pero en realidad no son más que ociosos encubiertos.

Ni paran aquí los daños que se originan con estos juegos, que yo llamaría domésticos: el más lamentable de todos es el que se causa a la niñez; pues apenas empezamos a abrir los ojos, y a desenvolver nuestra razón, cuando ya no solo tenemos un conocimiento perfecto de los naipes, sino que también entendemos varios juegos. Aquella edad en que los niños debieran tan solo ver ejemplos de buenas acciones y escuchar los consejos saludables de la moral, es cabalmente la misma en que a todas horas se les presenta el espectáculo de una mesa rodeada del padre, de la madre y de otras personas con los naipes en la mano, y en que resuenan en sus oídos las pláticas peligrosas que corren sobre los lances del juego. Cualquiera que reflexione sobre el influjo de los objetos en la formación de las ideas, y sobre el de éstas en las acciones humanas, muy pronto conocerá, que con semejantes modelos, el vicio del juego debe estar muy padres, dan a éstos sobre el corazón de aquéllos un ascendiente que los hace ser sus mejores institutores; pero si este ascendiente es de una tendencia perjudicial, poco podrán contra él las teorías de los libros y los preceptos de las leyes.

Estas razones cobran más fuerza si se atiende al estado de nuestra sociedad doméstica. Hay países, donde los vínculos de familia no son tan estrechos como entre nosotros, pues siendo común que los padres fíen a manos extrañas la educación de sus hijos, y todavía más común, que éstos abandonen desde una edad muy temprana la casa que los vio nacer, el influjo paterno está muy debilitado, y puede decirse, que el corazón de los hijos recibe del mundo más que de los padres, gran parte de las impresiones que han de dirigir su conducta. Mas no sucede así en Cuba, pues separándose los hijos pocas veces del lado de sus padres, y viviendo y muriendo juntos bajo el mismo techo, los ejemplos paternales, ora beneficiosos, ora perniciosos, producen en los hijos un efecto más trascendental.

Convendría, pues, que los buenos padres de familia y todos los que se interesan en el bien del país, hicieran el corto sacrificio, si es que tal puede llamarse, de abstenerse de los juegos domésticos, e influir con su ejemplo y sus consejos en crear y fortificar la opinión contra ellos. Para sostener este abuso, se dirá que estos juegos forman, aun en los pueblos más civilizados, una parte principal de sus entretenimientos domésticos; pero sin examinar ahora si todos los usos y costumbres de aquellos pueblos son dignos de aprobación, creo que nosotros no debemos seguir su ejemplo; porque los países donde el juego no es un vicio dominante, y donde las leyes y la opinión infaman a los jugadores, los juegos domésticos no producirán fatales consecuencias; pero en los pueblos donde esta pasión es una enfermedad casi general, y donde por lo mismo, ni las leyes pueden ejercer libremente su imperio, ni la opinión fulminar sus anatemas, los juegos domésticos nunca serán otra cosa sino las escuelas, donde haciendo unos su aprendizaje, otros se entregarán a rienda suelta a la pasión que los arrastra. El que esto escribe, no es visionario, y así no aspira a la perfección moral en la masa de los hombres. Sabe que éstos siempre se han de divertir de aqueste o del otro modo; pero sabe también que lo que pide, es cosa muy practicable.

Pues que ¿es tan limitado el número de nuestros entretenimientos domésticos, que estemos reducidos a divertirnos con barajas? ¿No pueden sustituirse a éstas, con el canto, la música, el baile, la buena conversación y otras diversiones tan inocentes como provechosas? Todo esto puede hacerse, y puédese fácilmente con utilidad de los individuos y ventaja de la sociedad; pero es de temer, que triunfando los malos hábitos de los consejos de la razón, las cosas se queden en el estado que hoy tienen, y que echando el mal nuevas raíces, vaya cundiendo más y más.

Loterías diarias en los cafés y otros parajes públicos
So pretexto que son una diversión honesta y autorizada por el gobierno, muchos pasan en ella casi todo su tiempo; pero ¿qué razón plausible puede haber, para que las casas de lotería estén abiertas desde que amanece hasta las 10 o las 11 de la noche? Cuando me pongo a reflexionar en los motivos que pueden alegarse para justificar este abuso, tres son los que únicamente me ocurren; y cuento como primero, el proporcionar a los hombres laboriosos, algunos parajes donde vayan a divertirse, después de concluidas sus tareas.

Sin empeñarme en hacer aquí una clasificación exacta de las personas laboriosas en esta Isla, puedo reducirlas a dos grandes fracciones: una que trabaja todo el día, como los artesanos; y otra, una parte de él, como los abogados, empleados, etc. Si las casas de lotería existen para divertir a las personas comprendidas en la primera clase, entonces solo debieran estar abiertas por la noche, pues es cuando únicamente pueden gozar de esta diversión; y si para las de la segunda, ya no hay motivo para tenerlas abiertas toda la mañana, porque sus horas son cabalmente las que destinan para sus trabajos los individuos de esta clase: resultando en ambos casos la necesidad de contener el exceso de las loterías.

Harase más urgente esta medida, si se considera el estado particular de muchas de nuestras personas laboriosas. Por una desgracia harto lamentable, casi todas las artes se hallan en nuestra Isla en manos de la gente de color, y como ésta no se roza con los blancos, resulta, que los artesanos no concurren a las casas de lotería, donde aquéllos se reúnen. Algunas habrá quizá donde se junten unos y otros; pero si las hay, serán tan pocas, y las personas de color en tan corto número, que ni pueden debilitar la aserción que acabo de hacer, ni menos dar fundamento para que tales casas se comparen con las perniciosas *gallerías*, pues éstas, por un fenómeno social, forman entre nosotros una democracia perfecta, en que el hombre y la mujer, el niño y el anciano, el grande y el pequeño, el pobre y el rico, el blanco y el negro, todos se hallan gustosamente confundidos en el estrecho recinto de la valla. [1]

Mas, supóngase, que los artesanos frecuenten las loterías: esto todavía debe mirarse como un mal considerable, porque en vez de presentarse a las clases laboriosas un lugar de recreaciones inocentes, se les incita a aventurar en este juego, el fruto de su trabajo; fruto que debe estar exclusivamente destinado a satisfacer sus necesidades. Si el artesano pierde hoy a la lotería, todo o parte de su salario, ¿con qué se sostendrá mañana? ¿Cuáles no serán las tentaciones que le asaltarán y cuáles los pasos que no dará para ponerlas en ejecución? Si gana, el mal no por eso es menos grave. El trabajo es una virtud que solamente se practica, o por el placer que experimenta el espíritu, o por los recursos que proporciona para satisfacer las necesidades de la vida. El trabajo intelectual no debe medirse por la misma escala que el trabajo mecánico, pues siendo éste casi siempre recio y penoso, no produce los placeres que aquél. El artesano y el jornalero que empiezan su

---

1 Esto fue lo único que pude decir sobre las *gallerías*, cuando escribí esta Memoria en 1830. Yo sabía bien, que ellas eran una de las causas de la vagancia en los pueblos, y sobre todo en los campos de Cuba. Debí, pues, para completar mi trabajo, haber escrito un artículo especial sobre esta materia; pero fueme imposible en aquellas circunstancias, sin comprometer toda la Memoria. Gobernaba a la sazón aquella Isla el tolerante y prudentísimo capitán general don Francisco Dionisio Vives, quien para su recreo había establecido una gallería en el terreno situado en La Habana, entre la casa de la Intendencia y el cuartel de la Fuerza. Sin duda que mis observaciones no se hubieran dirigido a ella, pues así por la calidad, como por el cortísimo número de personas que la frecuentaban, yo no podía sin injusticia, confundirla con las otras de distinta especie que tanto abundan en toda la Isla. Pero por más templanza y destreza con que yo hubiese manejado la pluma, no era dable escapar del anatema que se habría fulminado contra la *Memoria sobre la vagancia*. Si aun así, según he manifestado ya, experimentó dificultades para su admisión al concurso, y para su completa aprobación por la Junta calificadora, ¿qué no hubiera sucedido, si yo me hubiese arrojado a censurar las *gallerías*? La *Memoria de la vagancia* hubiera sido proscrita. (N. del A.)

tarea desde que raya el día, y sufriendo privaciones y angustias no la acaban hasta que se pone el Sol, no pueden continuar en género de vida tan trabajoso, sino instigados del hambre y la desnudez. Así es, que siempre están dispuestos a trocar su condición presente por otra que a sus ojos sea más fácil y llevadera. ¿Y no es bastante seductora la del juego de la lotería? La idea sola de que divertidos, y sin exponerse a ninguna pena legal, pueden ganar 10 o 20 pesos en el corto espacio de cinco minutos, es suficiente para entibiar en unos el amor al trabajo, e inspirar a otros el odio a esta virtud.

Pero se me dirá, que las casas de lotería no existen para estos hombres, sino tan solo para los abogados, médicos, empleados, etc. Ellas por fortuna han caído en tal descrédito, que acaso no son frecuentadas por ningún hombre de bien. Visítanlas generalmente los ociosos y corrompidos, los que aborreciendo el trabajo, van a ellas a pasar el tiempo, o a buscar un diario con que mantenerse; y he aquí el segundo motivo que podrá alegarse en su favor, pues dirán algunos, que sin ellas, los ociosos serían más perjudiciales a la sociedad.

Nunca se presenta el gobierno en una actitud más gloriosa, que cuando combate contra el vicio y el crimen; pero ceder el campo, sin haber entrado en lucha, ni apurado todas sus fuerzas, es ofrecer un ejemplo tan ignominioso como contrario a los principios de la política y a las máximas de la moral. Pues que ¿está el gobierno tan debilitado, que carezca de medios para emplear a los ociosos, de fuerza para contenerlos, y de energía para castigarlos? Dese al pueblo instrucción y ocupación, aliéntese la industria, persígase la indolencia, ármese la ley para herir a todo delincuente, y en breve quedará nuestro suelo purgado de la plaga que hoy le infesta. Las loterías diarias no deben existir por más tiempo entre nosotros: tales casos no solo son el receptáculo de hombres ociosos y depravados, sino una escuela de corrupción quizá más peligrosa que las casas de juegos prohibidos, porque estando expuestas al público, y autorizadas por el gobierno, ofrecen una tentación más seductora, ya presentando mayor oportunidad, ya alejando todo castigo. Muchos pobres e hijos de familia que no se atreven a entrar en una casa de juego, porque carecen de 3 o 4 pesos, tienen abiertas de par en par las puertas de las loterías, pues con un medio, o con un real pueden comprar un cartón y divertirse: y si se considera que tan corto capital es a veces premiado con algunos pesos, entonces se conocerá, que el corazón humano debe sentir en tales juegos los impulsos de una pasión que constantemente le arrastra. Y como si estos atractivos no fueran suficientes, todavía se procura acalorar la imaginación, halagando los sentidos, pues las cifras y colores de los cartones con que se juega, el aparato de un globo, puesto en continuo giro por la mano de un joven sentado en un lugar prominente, y el canto a veces agradable con que se procura deleitar a los circunstantes, son estímulos tan fuertes para la muchedumbre, que ni la inocente puericia, ni tampoco la mayor edad pueden siempre resistirlos. El que esto escribe, revolviendo en su mente los años de su niñez, recuerda que muchas veces pasaba largos ratos, escuchando gustoso desde las calles el canto de los números y el desenlace de los juegos; y si nunca se atrevió a pisar los umbrales de esas casas inmundas, debiolo a circunstancias felices que hoy no sabe como celebrar. Pero esta lección que recibió desde sus tiernos años, le hizo conocer en mayores días cuan peligroso es un juego, que considerándose como inocente, ha llegado a ser por los abusos que le acompañan, una de las causas de la ociosidad y corrupción cubanas.

Puede alegarse como tercer motivo, el aumento de las rentas públicas, puesto que las casas donde hay loterías, pagan una contribución. Si alguna vez se creyó que este juego proporcionaba al pueblo goces físicos y morales, bien pudo sin injusticia habérsele impuesto algún derecho; pero sintiéndose ya los graves daños que produce, es de esperar que pronto se aplique el remedio, sin que pueda servir de obstáculo una contribución miserable. Porque si se computa el número de personas que pasan su vida, entregadas a las loterías, y el valor de las utilidades que pudieran rendir, si se dedicasen al trabajo, entonces se formará alguna idea de lo que pierde el Estado. Y aun cuando nada perdiese pecuniariamente hablando, los vicios que se adquieren, y los delitos que se engendran con este juego, son motivos poderosísimos para despreciar cuantas sumas puedan entrar en las arcas públicas. Ciérrense, pues, las casas de loterías; y si a pesar del descrédito en que han caído, y de la degradación de casi todas las personas que las frecuentan, esta medida se considerase muy dura, corríjanse sus abusos, y restrínjanse en lo posible.

Billares

No es mi intención, condenar un juego inocente en sí, y saludable en sus efectos corporales. Al mencionarle entre las causas de la vagancia, aludo tan solo al abuso que de él se hace, así por el tiempo que se malgasta, como por las grandes cantidades que suelen perderse. ¿Se negará que muchos individuos pasan en los billares casi todo el día y parte de la noche? Siendo así, ¿se negará también que son un receptáculo de ociosos? ¿No se juegan además cantidades que pueden arruinar a algunos padres de familia? ¿No son a veces el escudo con que se cubren desórdenes de distinta especie? La realidad de estos hechos justificaría en parte la sentencia que pudiera pronunciarse contra los billares públicos. ¿Pero me atreveré yo a pedir que se cierren de una vez? Si ellos son inocentes en sí, lo único que debe hacerse, es corregir sus abusos, pero no prohibirlos, porque es muy peligroso privar al pueblo de semejantes entretenimientos. ¿Mas, cómo corregir sus abusos? ¿Se prefijarán horas en que solamente se pueda jugar? Esto me parece muy acertado, y como la noche es el tiempo en que todas las clases de la sociedad suspenden sus tareas, bien pudiera permitirse desde las 5 o las 6 de la tarde hasta las 10 de la noche, prohibiéndolo en todas partes durante el día. Dirase, que existiendo muchos billares en los cafés, y que no debiendo éstos sujetarse a las restricciones de aquéllos, los ociosos siempre acudirán a tales casas, y emplearán tiempo en fumar y charlar, quedándose tan ociosos como antes. Pero aunque así sea, siempre se gana alguna cosa, pues vale más, que estos doctores de cafés consuman su tabaco y sus palabras, que no su dinero en las mesas de billar. Ni es la enmienda de los ociosos, el fin principal de esta medida: consiste, en impedir que se aumenten, quitando la ocasión a los que pasan por las calles, y a muchos que solo salen de sus casas con el objeto de jugar, o divertirse, apostando a las manos de un buen taco.

Mas, a pesar de esta restricción, ¿podrá impedirse que se jueguen cantidades considerables? ¿Se prohibirán todas las apuestas, o se fijará el máximo de ellas? Todo esto bien puede hacerse con solo escribir dos renglones; pero cuando de la teoría se pase a los hechos, entonces se tocarán las dificultades. ¿Se nombrarán celadores para que velen sobre su cumplimiento?

Vano recurso; pues aun suponiendo que fuesen los hombres más íntegros y vigilantes del mundo, todavía no conseguirán su objeto, porque los apostadores se valdrían de palabras metafóricas, de signos convencionales, y de otros medios que es imposible evitar. En estas materias no hay más garantía que la moralidad de los individuos, y cualquiera medida que se adopte, será ineficaz y opresiva.

Para disminuir el número de los concurrentes a los billares, deben también proporcionarse algunos parajes donde el pueblo se reúna con más provecho. Yo no puedo contemplar sin el más profundo sentimiento, que contando ya la isla de Cuba más de 300 años de existencia política, todavía no tenga uno de aquellos establecimientos que son tan comunes aun en países mucho más nuevos y de menos recursos. Causa admiración que La Habana, ciudad populosa, ilustrada y con relaciones en todo el orbe, carezca de un Ateneo, donde puedan ir sus habitantes a leer una gaceta o un periódico científico, y donde se dé a los extranjeros que visitan nuestras playas, una corta muestra de que apreciamos las letras. Una institución de esta especie es ya urgente y necesaria; la pide el rango distinguido que ocupa La Habana en la escala de los pueblos, la pide el estado de sus costumbres, y la piden el honor y aun el orgullo de los habaneros.

Pero no basta que ya tengamos un Ateneo: menester es fundarlos en otras ciudades de la Isla, estableciendo y multiplicando también los gabinetes de lectura, que tan comunes y útiles son en Europa y en Norteamérica. Cuando estas instituciones se generalicen en nuestro suelo, y reciban las mejoras de que son susceptibles; cuando la escasa y no bien situada biblioteca pública de La Habana, única que tenemos en toda la Isla, sea un establecimiento digno de la ciudad donde se halla, entonces la juventud, y la ancianidad, y todas las demás clases del Estado encontrarán en la lectura un consuelo contra el fastidio, y un refugio contra los vicios.

¿No es verdad, que muchos se meten en los billares, particularmente de noche, porque no saben dónde ir a pasar un rato? Si tuviéramos ateneos y gabinetes de lectura, muchas personas acudirían a ellos, y en vez de perder su tiempo, y quizás también su dinero, gozarían allí del placer más puro, ilustrando su entendimiento y rectificando su corazón. Estos ejemplos producirían un efecto saludable en la masa popular, y difundiéndose el gusto por la lectura y el estudio, pasarían muchos de la ignorancia a la ilustración, del ocio al trabajo, y del vicio a la virtud.

¿Y por qué siendo la isla de Cuba un país tan abundante en producciones naturales, no tiene ya La Habana un museo donde mostrarlas al indígena y el extranjero? ¿Por qué no habría de enriquecerse este museo con el tributo que le pagasen pueblos de contrario clima? ¿Por qué también nuestras ciudades principales no habrían de seguir el ejemplo de la capital? Cuando estos monumentos, levantados ya por tantos pueblos cultos, se erijan entre nosotros, Cuba ofrecerá a las naciones que la observan, una prueba de la ilustración; al amigo de las ciencias, un depósito con que enriquecerse; y a la generalidad de sus habitantes, un pasatiempo tan agradable como inocente, y tan vario como provechoso.

Los paseos públicos deben también considerarse como medios de disminuir, si no el número de billares, por lo menos el de sus concurrentes. Si exceptuamos dos o tres ciudades, no existe en toda la Isla ningún paraje público que merezca el nombre de paseo. Y hallándonos en tal estado, ¿será extraño, que se multipliquen los billares, y que se fomenten las diversiones peligrosas? Aun en La Habana, donde pudiera sacarse mucho partido de sus paseos, los habitantes apenas gozan de esta ventaja, porque la inmundicia de las calles, y el riesgo que de noche se corre en ellas, ahuyenta la población de aquellos lugares. La alameda de extramuros, que así por su capacidad, como por su hermosa situación, pudiera atraer una lúcida y numerosa concurrencia, queda desierta desde que viene la noche; y el sitio, donde minutos antes rodaban espléndidos carruajes, y relucían el oro y los diamantes, se transforma repentinamente en una guarida espantosa de ladrones y asesinos. Para purgarla de tales monstruos, bastaría iluminarla perfectamente,[2] y tomando las demás medidas que requiere una buena policía, se impedirían unas escenas que tanto nos desacreditan en los países extranjeros. Cuando el pueblo sepa que ya ningún peligro le amenaza en los paseos, ni en las calles, entonces correrá hacia ellos, pues en un clima, donde jamás se sienten los rigores del invierno, y donde el calor echa de

---

2   Felizmente ya hemos visto realizada una parte de esta idea; y la gratitud pública será la mejor recompensa de los que han influido en su aplicación. (N. del A. a la edición de 1834.)

casa a los habitantes, las diversiones a campo raso son preferibles a las que se disfrutan en edificios cerrados y, por consiguiente, insalubres.

Multitud de días festivos y diversión que en ellos se ofrece al pueblo

Además de los 52 domingos del año, cuenta la isla de Cuba gran número de días festivos, que reunidos a los primeros, absorben una cuarta parte del año. Sería importante calcular la suma a que ascienden los quebrantos pecuniarios que sufre la Isla con la pérdida de tantos días; pero careciendo de datos, y no tocándome examinar esta cuestión bajo sus relaciones económico-políticas, me limitaré a considerar su influencia en la vagancia.

Si subimos al origen de la santificación de las fiestas, muy pronto conoceremos, que las prácticas escandalosas con que hoy se profanan, son diametralmente contrarias a las sanas intenciones de la Iglesia. Ella mandó que los trabajos mundanos cesasen en estos días, para que entregado el hombre a contemplaciones religiosas, depurase su alma de los afectos terrenales. La Iglesia supo muy bien, que la sociedad perdería una parte de los servicios industriales que sus miembros deben prestarle; pero considerando que estas pérdidas serían superabundantemente recompensadas con las inmensas ventajas que resultarían de que los hombres fuesen virtuosos, creyó conveniente establecer las festividades: porque ¿quién ignora que si ellas fuesen guardadas conforme a las miras de su santa institución, y los fieles las consagrasen a fortificar su espíritu con los preceptos de una religión inefable, la sociedad no se vería tan combatida por las maldades de los hombres? Pero olvidándose éstos de sus deberes, ofendieron a la religión, y a la patria: a la religión, quebrantando sus preceptos: a la patria, privándola de los beneficios que aquélla se propuso concederles con las virtudes que pensó infundir a sus hijos.

No son abusos recientes ni transitorios los que juntos deploran la Iglesia y el Estado: males son tan envejecidos y duraderos, que contando siglos de existencia, están sólidamente apoyados sobre unas costumbres, cuya tendencia es absolutamente incompatible con el fin para que se instituyeron las festividades. No seré yo tan injusto ni tan osado, que considere a todo el pueblo como cómplice de estos excesos; ¿pero habrá quien pueda negar, que las festividades son los días, en que muchos se dan al juego y a la embriaguez, al torpe amor y a otras licencias que la moral y las leyes severamente condenan? ¿No son ellas, los días en que jornaleros y artesanos dejan sus tareas, no para ir al templo a rendir adoraciones a su Creador, no para quedarse en sus casas o divertirse inocentemente después de haber llenado los deberes de la religión, sino para sacrificar en una hora todo el fruto de la semana, envolver a sus familias en el dolor y la miseria, y corromper con su ejemplo a las demás clases laboriosas? ¿No son las festividades, las que sirven de pretexto para que hombres y mujeres corran a bandadas de barrio en barrio, y de pueblo en pueblo no en busca de las vírgenes de Regla y de Candelaria, de S. Pablo y de S. Antonio, ni de otros tutelares a quienes invocan para profanar, sino en pos del juego y del escándalo? ¿No son las festividades, las que arrancando el arado de las manos del labrador, le arrastran con su familia a la parroquia rural, y allí le fuerzan a hacer el sacrificio de su fortuna, de su honor, y de cuantos objetos le son caro?

Es imposible, señores, que puedan existir por más tiempo tantos vicios y desórdenes. La religión profanada se cubre con un velo, y huyendo de nuestra vista, abandona hasta el santuario. Si queremos aplacarla, y que vuelva a nuestros templos, es menester que purifiquemos nuestros altares, manchados con nuestras manos; pero esta expiación no puede hacerse, sin cerrar para siempre sus puertas a la irreverencia y al escándalo. Ellos existirán, mientras existan tantos días festivos; y pues que no hay más remedio que borrarlos del calendario, implórese la autoridad de la Iglesia, para que dejando únicamente aquellos que no puedan suprimirse sin menoscabo de la religión, ésta recupere su antiguo brillo; y si el hombre todavía no la respetare, quítesele a lo menos la ocasión de profanarla.

Falta de caminos

A poco que se reflexione, muy bien se conocerá la influencia de esta causa en la vagancia cubana. Trabaja el hombre por la utilidad que reporta; pero si percibe, que sus esfuerzos quedarán frustrados, o que no tendrán la debida recompensa, muy pronto desmaya y cae en abandono. La desidia que se advierte en muchos de nuestros campesinos, proviene, en gran parte, de que los productos de la agricultura no pueden ser llevados con facilidad a las poblaciones y demás puntos de consumo, pues el labrador muchas veces ve destruidas sus cosechas en los mismos campos donde regó las semillas.

Si hubiera caminos, él podría conducir sus frutos a distintos mercados no solo en un tiempo mucho más corto, sino también con menores gastos. Estas ventajas aumentarían su utilidad, y la utilidad le haría redoblar su industria. Las comodidades que este hombre gozara, servirían a otros de estímulo y de ejemplo, y empeñándose en imitarlo, nuestra población rústica adquiriría el hábito del trabajo, y alejaría de sus hogares el desaliento y la pobreza. Si hubiera caminos, muchas personas que hoy yacen en el ocio, podrían ocuparse en la conducción de los frutos, y como éstos habrían de aumentarse con la conducción de aquéllos, necesariamente se emplearían nuevos brazos. Si hubiera caminos, los hombres que no encuentran acomodo en un lugar, y que por lo mismo, son una carga para la sociedad, podrían trasladarse con prontitud y pocos gastos a otro paraje, donde se les proporcionase alguna ocupación. Si hubiera caminos ... pero ¿necesito yo de manifestar su importancia cuando tengo el honor de hablar a una corporación ilustrada? Caminos, pues, caminos, y entre los inmensos beneficios que nos producirán, uno de ellos será el de disminuir la vagancia.

Falta de casas de pobres

Hallar el pan sin trabajarlo, es una propensión del género humano; y ya que no es dable extirparla, el gobierno debe empeñarse en reprimirla, quitando al pueblo toda ocasión de satisfacerla. El establecimiento de casas de pobres será uno de los medios más eficaces para conseguir este gran fin, pues que ellas, no solo servirán de asilo a la humanidad desvalida, sino de freno para contener los desórdenes, que bajo el manto de la pobreza se cometen diariamente entre nosotros.

¿Quién no sabe que un enjambre de vagabundos infestan nuestros pueblos, y que pretextando desgracias y enfermedades, excitan la compasión del vecindario y le arrancan sumas considerables? ¿Quién no tropieza en nuestras calles, desde el toque de las oraciones, con una turba de mujeres, que envueltas en una mantilla y llorando penas y miserias, andan de puerta en puerta pidiendo un bocado con que alimentarse? ¿Y quién ignora, que muchas de estas mujeres se valen de tan infame recurso para presentarse en público, no con decencia, sino con escándalo, o para mantener a un marido holgazán o a unos hijos perdularios?

Graves son sin dudas estos males, pero al mismo tiempo fáciles de corregir. Nuestra posición no debe confundirse con la de otros pueblos, donde agotados ya los recursos de la industria, o donde luchando el hombre con los rigores de un crudo invierno, la pobreza, no solo atormenta a los enfermos y ancianos, sino a muchos, que robustos y deseosos de trabajar no hallan donde acomodarse. Todo por fortuna, es nuevo en nuestra Isla, y sin temor de exagerar, puede decirse, que a do quiera que volvamos la vista, la naturaleza nos ofrece sus dones. No teniendo que combatir con enemigo tan formidable, el triunfo es positivo. Dados están ya los primeros pasos: ensánchese la casa de pobres que se ha fundado en La Habana: establézcanse otras en toda la Isla: enciérrense en ellas cuantos desvalidos existan: proporciónesles trabajo según sus fuerzas, para que estos asilos no se conviertan en escuela de ociosidad y de vicio; y pudiendo entonces distinguirse los pobres verdaderos de los pícaros que usurpan este nombre, pronto nos libertaremos de una plaga que nos corrompe y arruina.

Falta de asilo para los niños desvalidos
Esta causa se refiere a lo que entre nosotros ha sucedido, y no a lo que con el tiempo será, pues que ya existe en la Casa de Beneficencia un departamento donde se recogen los niños huérfanos y pobres desamparados. Si esta institución hubiera existido entre nosotros, ¿no se habrían salvado del ocio y la perdición muchos de los que hoy corrompen nuestras costumbres? Verdad es esta tan clara, que no necesita de ninguna prueba. Por eso ya se ha establecido en La Habana un asilo de esta especie; y aunque todavía no tiene la extensión que reclama una ciudad populosa, ni uno solo es suficiente para dar abrigo a la muchedumbre de huérfanos que yacen abandonados por toda la Isla, es de esperar del celo que debe animar a las autoridades y corporaciones, y principalmente de la caridad de sus habitantes, que pronto alargarán su generosa protección hacia unos establecimientos, tan conformes a los principios de humanidad, como necesarios a la pureza de las costumbres y a la conservación del orden público.

Falta de disciplina en las cárceles
Horrible es el estado en que se hallan las nuestras, y tan conocida es ya esta verdad, que la Sociedad Patriótica de La Habana ha propuesto al público un programa sobre esta materia importante. Examinar sus defectos, descubrir el origen de tantos vicios y delitos como se aprenden en ellas, y proponer su reforma, son puntos que deben tratarse en una memoria particular, y que si yo aquí menciono, es tan solo por la relación que tiene con el objeto que desenvuelvo.

Ocurre con frecuencia, que los hombres pasan encerrados en las cárceles, años y más años; pero como en ellas no se les da ninguna ocupación, se ven reducidos a vivir en la apatía. ¿Cuáles, pues, no serán las consecuencias de este género de vida? Si el preso tiene algún oficio, irá perdiendo por grados la práctica que había adquirido en él; y lo que es más doloroso, el amor al trabajo. Si no tiene ninguno, la cárcel que pudiera ser el taller donde lo aprendiese, es cabalmente el lugar donde acaba de hacerse más incurable, pues de ocioso se convierte en criminal. Un joven que esté aprendiendo alguna de las artes, y ya reo o inocente, sea puesto en la cárcel ¿cómo podrá continuar en ella su aprendizaje? Las cárceles, pues, vienen a ser entre nosotros una de las causas de la vagancia; y ojalá que éste fuera el único daño que de ellas resultase; pero mientras sean lo que son, estaremos condenados a sufrir sus fatales consecuencias.

Foro
Yo no he podido hablar de las cárceles sin acordarme del foro; pero tocándome solamente indicar su influjo en la vagancia, no vendré ahora a tratar de su reforma, pues si tal hiciese, me apartaría demasiado del objeto de esta Memoria. Pero ¿cómo influye el foro en la vagancia? Influye, patrocinando los vicios, y dejando impunes los crímenes; influye, haciendo interminables los pleitos, y convirtiendo en litigantes a muchos que pudieran emplearse en el cultivo de los campos, en el ejercicio de las artes y otras profesiones útiles a la sociedad; influye, arruinando a muchos padres de familia, sin dejarles ya recursos para educar a sus hijos; influye, encerrando en los calabozos a muchos inocentes, y forzándolos a vivir en ellos por largos años

en medio del ocio y la desesperación; influye, en fin, llamando a su seno una muchedumbre de jóvenes, que pudieran dedicarse a otras ocupaciones con honor suyo y gloria de la patria. Así influye el foro en nuestra vagancia, y así influirá, mientras no se corrijan tantos abusos; pero el mal es tan grave, sus relaciones tan extensas, y su origen tan profundo, que si no se hace una reforma fundamental en los hombres y en las leyes, en vano se esperarán felices resultados.

Permítaseme examinar una cuestión, que aunque no está íntimamente enlazada con el plan de esta Memoria, no le es, sin embargo, del todo extraña. Piensan algunos, que la causa principal de la corrupción del foro procede de la multitud de abogados, y que así es necesario coartar su número; mas, yo creo que semejante medida lejos de contener los desórdenes, servirá para aumentarlos.

No fundaré mis razones en el ataque que con esta restricción se daría a la libertad de industria, pues, aunque a todo hombre debe serle lícito dedicarse a la carrera que más le convenga, es innegable que la sociedad tiene derecho a impedir o coartar el uso de aquellas que le sean perjudiciales. Pero como este derecho está expuesto a muchos abusos y equivocaciones, nace de aquí el peligro de que se prohíba o restrinja como perjudicial el uso de una cosa buena, o que no influya en los males que dependen de otras causas; y tal es, a mi entender, el escollo en que caeríamos con la limitación de abogados.

Si se pregunta, cuál es la razón porque debe reducirse el número de éstos, y no el de los médicos, sastres, etc., muy pronto se responde, que aquéllos promueven los pleitos, pero que éstos no aumentan las enfermedades ni la necesidad de vestidos; y que así, la restricción de los primeros es necesaria; mas, no la de los segundos.

Yo no negaré, que hay abogados que fomentan pleitos, pero la imparcialidad me obliga a decir, que este mal se exagera mucho, pues se confunden las pasiones, las intrigas, y el espíritu litigioso de muchos individuos, con la conducta de los abogados. Cuando un hombre se le mete a uno de éstos por las puertas de su casa, y le hace una relación falsa de hechos y circunstancias, cuya realidad no siempre se puede conocer desde el principio, sino con el progreso de la causa; cuando este mismo hombre le conjura por lo más sagrado del cielo y de la tierra, que le defienda y ampare, ¿quién da entonces origen al pleito? ¿Y es por ventura éste un caso peregrino? ¡Quisiera Dios que así fuese!, pero el furor de pleitear, tan radicado entre nosotros, nos presenta tristes y repetidos ejemplos. Los que están versados en el foro, conocen que la mayor parte de los desórdenes, no consiste en la seducción o estímulo que emplean los abogados para buscar litigantes, sino en los incidentes que promueven y demás embrollos que causan después de entablado el pleito, multiplicando las costas, y haciendo interminable el proceso. Éstas son las armas formidables de que se valen muchos abogados, y las que no se embotan ni quebrantan con la reducción de su número.

Pero supóngase que en punto a pleitos, los abogados sean todo lo que se quiera. ¿Se disminuirán aquéllos, coartando el número de éstos? Vana esperanza. El hombre que desea pleitear, siempre encontrará defensor; y como siempre ha de haber abogados ignorantes y pícaros, éstos fomentarán los pleitos, y embrollarán las causas produciendo los mismos desórdenes que se quieren evitar.

Diríase, que aunque éstos existan, no serán en tanto número, porque si 100 abogados, por ejemplo, ocasionan 100 pleitos, 200 promoverán un número proporcional. Ésta es una materia, que no se decide por números, sino por la naturaleza de los negocios forenses, por el carácter de los abogados, por los hábitos o vicios del pueblo, y por la tendencia y cumplimiento de las leyes. Si estas cosas no conspiran a reprimir los pleitos, 100 abogados producirán casi los mismos males que 200. Hasta poco tiempo han estado circunscritos en toda la Isla a un corto número; y a su sombra, sin embargo, se introdujeron y propagaron los antiguos abusos que se han trasmitido hasta nosotros. Cuando asombrado el señor marqués de la Torre, capitán general de la isla de Cuba, de la multitud de pleitos que había en La Habana, mandó que se le presentase una lista de todas las costas pagadas, y éstas, con exclusión de las causadas en los juicios verbales, ascendieron en solo el año de 1773 a la suma de 114. 000 pesos. ¿Existían por ventura muchos abogados en La Habana? Corto y bien corto era entonces su número, y aun me atrevo a asegurar, que comparando las circunstancias de aquella época con las de la actual, no hay hoy más desórdenes forenses que los que entonces había. No afirmaré yo por esto, que entonces hubiese tantos pleitos como hoy. Sé muy bien, que se han multiplicado; pero esto proviene del aumento de la población y de la actividad del comercio y demás ramos industriales, pues multiplicándose de este modo las acciones humanas, los pleitos, en circunstancias iguales, deben también aumentarse. Si fuera dable saber cuántos hubo en una docena de años del siglo pasado, verbigracia, de 1770 a 1780, y cuántos ha habido en la de 1820 a 1830, y después comparásemos estos números con la población respectiva de ambas épocas, tomando también en consideración el grado de actividad que de entonces acá ha adquirido la Isla, ya veríamos, que el aumento de pleitos no procede del ilimitado número de abogados.

Las necesidades físicas pueden ser sometidas a cálculo exacto o aproximado con más facilidad que algunas de las morales o sociales. Dada la población de un país, bien puede computarse sin mucho trabajo la cantidad de sombreros, casacas, zapatos, etc. , que anualmente necesita, porque a cada persona se le puede asignar por aproximación un número determinado. ¿Mas, se podrá hacer lo mismo respecto de los pleitos? ¿Cuál es la razón en que se hallan con la población? Estas cosas dependen de tantas y tan variables circunstancias, que es muy difícil llegar a un término aproximado. Infiérese, pues, que el número de abogados que se señalare, siempre será o mayor o menor que las necesidades de la población, y en ambos casos, ya por exceso, ya por defecto, los habitantes serán perjudicados.

Pero concédase, que el número señalado sea proporcional a las necesidades de la población, ¿se piensa que entonces no habrá desórdenes? Ya he dicho que muchos de los abogados numerarios los fomentarán; y si ahora se reflexiona, que existe, y que mientras no se reforme radicalmente el foro, existirá un enjambre de pica-pleitos, unidos con los abogados pícaros o ignorantes; que siempre ha de haber una falange de bachilleres apostados en retaguardia, esperando las vacantes para colocarse en ellas; y que mientras no lo consigan, han de estar dictando providencias y haciendo escritos autorizados con la firma de letrados, entonces se acabará de conocer, que los abusos forenses no se corrigen, limitando el número de abogados, pues tal limitación solamente sería nominal.

Si el ejemplo de otros pueblos pudiera tener alguna influencia, yo le citaría en apoyo de la ideas que defiendo, pues siendo en ellos ilimitado el número de abogados, los desórdenes forenses no son tan graves como entre nosotros. Pero lejos de mirar su ejemplo como el único modelo por donde arreglemos nuestras operaciones, creo que, aunque fuese de naturaleza contraria, nosotros no deberíamos seguirle. Cuba se halla en circunstancias que no guardan paralelo con la de aquellos países. El número de carreras en que nuestra juventud está reducida a girar, es muy corto; y de este número, la abogacía emplea muchos jóvenes, algunos de los cuales son abogados verdaderamente útiles. ¿Cuáles no serán las consecuencias, si se les llega a coartar? Seranlo, que o se abstendrán de la carrera forense parte de los jóvenes que se dedicarían a ella, o que siempre la continuarán. Si lo primero, cerramos la puerta a muchos que pudieran ser buenos abogados; excluimos a otros, que abrazarían esta carrera por honor, o para defenderse a sí mismos y a sus amigos; nos exponemos a que algunos se entreguen a la ociosidad; y establecemos finalmente un monopolio literario, que tendría alguna sombra de justicia, si los que la ejerciesen fueran los más meritorios; pero no será así, porque basta decir que se aleja la concurrencia de los talentos. Si los jóvenes persisten en la carrera forense, que es el segundo caso, se multiplicarán los bachilleres y pica-pleitos, y con ellos el número de litigios y de cuantos desórdenes se desean evitar. De los dos casos propuestos, probablemente se verificará el último, porque envilecidas muchas de la profesiones a que pudieran dedicarse, no pudiendo ellas adquirir dentro de poco tiempo el puesto honroso que deben ocupar, y siendo la abogacía la carrera del dinero, del poder y los honores, la juventud volará en pos de ella, y como el interés es más astuto que las leyes, siempre se burlará de sus mandatos.

Pero restrínjase también el número de bachilleres, y el mal se disminuirá. Restrínjase enhorabuena: pero ¿no sería una inconsecuencia de la ley, que franqueando a todos la entrada en las aulas de derecho, permitiese a unos continuar en esta carrera, y a otros la prohibiese? ¿Quiénes serían los escogidos y quiénes, los proscritos? ¿Qué de empeños e injusticias no se cometerían en esta elección? Y suponiendo que todo esto fuese asequible, ¿no incita la misma ley a los individuos excluidos a que sean pica-pleitos, puesto que ya están iniciados, con su consentimiento, en los principios de la legislación? Pero limítese también el número de estudiantes; y he aquí ya arrancado el mal de raíz. Mas, ¿quiénes serán los admitidos? ¿Cómo y quién los elige? Yo no quiero proseguir sobre una materia que basta enunciarla para conocer la funesta tendencia que envuelve.

Parece, pues, que el medio más seguro de restringir el número de abogados, es dejar a la juventud en libertad de seguir esta carrera. Por algún tiempo habrá avenidas formidables, que parecerá que van a envolver en sus olas a toda la población; pero cuando en el mercado se presenten, si posible es, más abogados que pleitos y litigantes; cuando muchos no tengan causas que defender, ni jueces que consultar; cuando empiecen a sentir las agonías del hambre que los atormente; entonces se verán forzados a buscar otras carreras, y sirviendo de escarmiento a los que aspiren a la abogacía, limitarán, de una parte, su número, y, de otra, les obligarán a estudiar con más empeño, pues en la libre competencia de los talentos, el saber siempre será preferido a la ignorancia.

Abogado de la libertad del foro, me alegraría que cada uno pudiese serlo de sí mismo, sin necesidad de recibir grados académicos, ni licencias de tribunales. Mis deseos en esta materia están de acuerdo con las de algunos hombres ilustrados; y si fuese compatible con el objeto de esta Memoria, yo consagraría gustoso algunas líneas en apoyo de estas ideas.

Pero mucho nos equivocamos, si nos atenemos al número limitado o ilimitado de abogados para corregir los abusos forenses. Mientras las leyes no se reformen, y los modos de enjuiciar se simplifiquen: mientras no se mejoren nuestros estudios, y los grados académicos y las licencias para abogar no se den con tanta facilidad: mientras no se sepa, que desde el magistrado supremo hasta el último curial, todos serán pronta o irremisiblemente castigados por sus faltas o delitos: mientras la noticia de estas penas no se publique, para que cobrando fuerza la opinión, sirva de consuelo a unos, y de confusión a otros: mientras, en fin, no se presenten nuevas carreras a la juventud removiendo los obstáculos que hoy las tienen cerradas, inútil será esperar la reforma de nuestro sistema forense. Antes bien, se aumentarán los abusos, y viniendo el tiempo a darles su formidable sanción, perpetuaremos en nuestro suelo una de las plagas más funestas que puede caer sobre los pueblos.

Corto número de carreras y ocupaciones lucrativas
Una rápida ojeada que se eche sobre el estado social de la isla de Cuba, bastará para conocer la verdad de lo que digo. Si buscamos entre las ciencias, aquellas que han dado carrera a nuestra población, no encontramos otras que la teología, jurisprudencia, y medicina. El número de cubanos empleados en el comercio es todavía tan corto, que si bien esta carrera les presenta un vasto campo para lo futuro, es innegable que hasta muy poco tiempo han carecido de ella. Inútil es mencionar las manufacturas, porque nunca han existido entre nosotros, ni tampoco puede señalarse la época en que seamos fabricantes. No son muchas las artes que poseemos, y éstas, por desgracia, jamás han sido el patrimonio de nuestra población blanca. La agricultura que por sí sola absorbería un número asombroso de brazos, ocupa en general a los esclavos; y si a esta causa se agregan los obstáculos que la rodean, no será de extrañar, que los blancos no se den a ella con el empeño que debieran. La ganadería que emplea muchos hombres, ni es la ocupación exclusiva de los blancos, ni tampoco se dedican a ella en toda la Isla, pues está limitada a los pueblos pastores. La milicia llama algunos jóvenes a la armas; y los empleos civiles son en tan corto número, que no deben contarse entre nosotros como carrera popular. Resulta, pues, que la Iglesia, el foro y la medicina, la agricultura, la ganadería y la milicia son las únicas carreras y ocupaciones que han empleado a nuestros jóvenes; y como muchos no han podido colocarse en ellas, la consecuencia necesaria es, que ha debido quedar un número considerable de ociosos.

Pero ¿cuáles son las causas de que tan pocas ocupaciones existan entre nosotros? No faltará quien diga, que siendo los progresos de la industria proporcionales a la población, y que siendo Cuba un país nuevo, los medios que ofrece para ocupar al pueblo, deben ser muy reducidos. Es verdad, que ella no puede competir todavía con otros países más adelantados, pero también lo es, que carece de muchas cosas que imperiosamente reclama el mismo estado en que hoy se halla. Aun concediendo, que atendida su población, no deba de haber en ellas más ocupaciones de las que actualmente existen, ¿cuál es la causa porque estas mismas ocupaciones no llaman y ejercitan a los ociosos?

Otros afirmarán, gravemente, que el corto número de ellas, lejos de ser el principio, es el resultado de la ociosidad, y que si hubiéramos trabajado, tendríamos hoy más destinos. Convengo hasta cierto punto con los que así raciocinan; pero séame permitido preguntarles, ¿cuáles son los motivos porque no hemos trabajado? He aquí la cuestión donde siempre venimos a parar, y la que cabalmente debemos discutir para poner el remedio a nuestros males.

Varias son, a mi entender, las causas que han reducido a tan corto número las carreras y ocupaciones de nuestra población blanca, y como primera debe sentarse el

Estado imperfecto de la educación popular

No me detendré a probar, que la instrucción pública es la base más firme sobre que descansa la felicidad de los pueblos. El Cuerpo ilustre a quien presento esta Memoria, conoce muy bien esta verdad, y los esfuerzos que hace por difundir y mejorar la educación en nuestro suelo, serán en todos tiempos los títulos más nobles de su gloria Pero si dignos son de aplauso estos esfuerzos, todavía no han producido un resultado satisfactorio, porque sin recursos la Sociedad Patriótica para extender su acción más allá del corto recinto de La Habana, yace tan abandonada la educación en casi todos los pueblos y campos de Cuba, que gran parte de sus habitantes ignoran hasta el alfabeto. Y viviendo en tan mísero estado, ¿causará admiración, que muchos pasen sus días en medio de la ociosidad? Yo he visto más de una vez a varias personas, que por no saber firmar, han perdido las ocupaciones lucrativas que se les habían presentado. Si la gran masa de nuestra población supiera por lo menos leer, escribir y contar, ¡cuántos de los que hoy arrastran una vida vagabunda, no estarían colocados en los pueblos o en las fincas rurales! Porque es incuestionable, que ensanchando la ilustración la esfera del hombre multiplica sus recursos contra las adversidades de la fortuna.

Establezcamos, pues, para los pobres que no pueden costear su educación, el competente número de escuelas en todos los pueblos y campos; y aunque hay parajes donde los niños no pueden asistir diariamente a ellas, por hallarse muy dispersas las familias, y ser muy penoso el tránsito de los caminos en la estación de las lluvias, bien podría introducirse en tales casos el sistema de escuelas dominicales, llamadas así, porque el domingo es el único día de la semana, destinado a la enseñanza de los niños que no participan de otra instrucción. En varias partes de Europa y en los Estados Unidos de Norteamérica existen estas escuelas, y los millares de niños pobres que aprenden en ellas los rudimentos de una buena educación, demuestran de un modo incontestable las grandes ventajas que ofrecen a la sociedad. ¿Y dejarán también de ofrecerlas a nuestra patria, si nos empeñamos en establecerlas? No se me oculta, que siendo entre nosotros los domingos, días de diversión y de placer, se tropezará en los pueblos con algunos inconvenientes: pero además de que son en mi concepto fáciles de vencer, y de que los esfuerzos que hagamos siempre producirán algún bien, mi principal intento es recomendar la fundación de estas escuelas en aquellos puntos, donde siendo diversas las costumbres, o no oponiendo a lo menos los mismos obstáculos que en los pueblos, la dispersión de los habitantes rurales nos pone en la alternativa, o de adoptar este sistema, o de dejarlos sepultados en la más profunda ignorancia.

Cuando los padres de familia vayan a la parroquia a cumplir con los deberes de la religión, podrán llevar a sus hijos, y reunidos éstos en la iglesia, en la casa del cura, o en la de algún vecino, ejercerán las funciones de maestro, ya el mismo párroco, ya alguno de los concurrentes, pues no hemos de ser tan desgraciados, que falten personas caritativas capaces de desempeñar tan benéfico instituto. Si no hubiera parroquia, o si habiéndola, no pudieren los niños asistir a ella, la escuela se podrá dar los domingos y días festivos, en el punto que los vecinos juzguen más conveniente. No siempre podrán los padres llevar todos sus hijos a la escuela; pero en tales casos elegirán uno o más de entre ellos, para que asistiendo a las lecciones, puedan ser con el tiempo los institutores de sus hermanos, y quizá también de sus padres. ¡Cuántos de estos que hoy no entienden ni el alfabeto, escucharían gustosos de labios de sus hijos, los rudimentos de una instrucción que ya se abochornan de recibir de la boca de un extraño! Y al decir, que si los padres no pueden llevar todos sus hijos a la escuela, elegirán uno o más de entre ellos, debe entenderse, que no solo hablo de los varones, sino también de las hembras. Día vendrá en que éstas lleguen a ser madres de familia; y entonces, cuando las ocupaciones que gravitan sobre el sexo masculino, no dejen al padre el tiempo suficiente para cuidar de la enseñanza de sus hijos, la madre, dedicada a las tareas domésticas, podrá velar en la educación de ellos, dándoles dentro de casa los rudimentos que no podrían alcanzar sin el auxilio de escuelas. Al esmero de la enseñanza doméstica debe atribuirse el fenómeno moral que se observa en Islandia, pues no habiendo en aquella isla sino una sola escuela, exclusivamente destinada a la educación de los que hayan de ocupar puestos civiles y eclesiásticos, es muy raro encontrar alguna persona que a los 9 o 10 años de edad no sepa ya leer y escribir.

Si contra toda esperanza, no hubiere alguno que gratuitamente quiera enseñar en nuestros campos, me parece útil asignar una corta pensión, por ser poco el trabajo, al que haga las veces de maestro, cuyo nombramiento podrá recaer en alguno de los vecinos del partido o distrito donde se establezca la escuela, pues siendo ésta respecto de él una ocupación accesoria que ha de desempeñar en los días vacantes, sus servicios probablemente serán más baratos que los de otro nombrado en distintas circunstancias. Sin embargo, como en esta materia no hay regla fija, siempre deberá procederse, consultando la mayor utilidad.

Pero estos deseos no son suficientes para dar impulso a la educación pública: es menester adoptar algunas medidas y las siguientes me parece que contribuirán a tan laudable objeto.

1ª Incúlquese la necesidad de promover la educación primaria en toda la Isla, recomendándola por medio de la imprenta, y manifestando el número de escuelas, el de los alumnos que asisten a ellas, y la relación en que éstos se hallan con los habitantes de cada pueblo o distrito. Una demostración de esta especie producirá más ventajas que todas las arengas y declamaciones, pues nos enseñará a conocer nuestras necesidades intelectuales, y nos estimulará a satisfacerlas.

2ª También convendrá, que los párrocos y demás ministros del Evangelio recomienden desde la cátedra de la verdad la importancia de la educación. Esta medida es necesaria, no solo en los campos, sino también en muchos pueblos, porque no habiendo imprenta en ellos, la iglesia es el lugar más a propósito para inspirar unas ideas, que así por la benéfica tendencia, como por el paraje donde se enuncian, serán acogidas y respetadas.

3ª Sería de desear, que todas las Sociedades y diputaciones patrióticas de la Isla nombrasen, si es que algunas no lo han hecho todavía, una sección, a semejanza de la de La Habana, especialmente encargada del ramo de la educación primaria; y que en los pueblos donde no existen aquellas corporaciones, se forme una junta compuesta de dos o tres individuos nombrados por las Sociedades respectivas, las cuales deben estar plenamente autorizadas para exigir de la junta, una o dos veces al año, un informe sobre el estado de la educación, y remover a las personas que no hayan correspondido a tan honrosa confianza.

4ª Debe también excitarse el celo de los ayuntamientos, para que poniéndose de acuerdo con las Sociedades Económicas, apoyen las ideas de éstas con sus luces, con sus fondos y con su autoridad.

5ª Como la enseñanza no puede generalizarse sin recursos para costear las escuelas, es preciso que las Sociedades Económicas empleen en ella casi todos sus fondos, aun con preferencia a los ramos científicos, pues por importante que sean, no son tan necesarios ni trascendentales como la enseñanza primaria. La acción de ésta se extiende a todo el pueblo, y nunca las Sociedades Patrióticas[3] llenarán tan bien este nombre, como cuando sus principales esfuerzos se dirijan a sacar de la barbarie a la masa de la población.

Pero no siendo los fondos de estas corporaciones suficientes para establecer el sistema de educación primaria en toda la Isla, es forzoso ocurrir a algunos arbitrios, los cuales me atrevo a indicar, aunque con suma desconfianza.

1º Paréceme, que si se examinaran detenidamente todos los ramos de nuestra administración pública, tal vez se encontrarían algunos, que pudieran aplicarse a las escuelas con más provecho que a los objetos que hoy están destinados; y caso que esto no pueda ser, quizá se podrán introducir algunas economías, que disminuyendo los gastos, dejen libre algún sobrante para dedicarlo a las escuelas.

2º Suelen los testadores dejar alguna parte de sus bienes, para que se destinen a obras pías, reservando a sus herederos o albaceas la facultad de asignar objetos particulares. En tales casos convendría, que inclinase el ánimo de los herederos o

---

3 Sociedades patrióticas o económicas son nombres que indistintamente se les dan en Cuba. No crean, pues, los extranjeros, que son corporaciones diferentes. (N. del A.)

albaceas a favorecer las escuelas primarias: bien que es de esperar, que muchos de ellos no necesitarán de insinuaciones para hacer una obra tan recomendable.

3º Como hay casos en que nuestros reverendos obispos diocesanos pueden disponer libremente de algunos fondos destinados a objetos piadosos, debemos prometernos de su celo pastoral, que penetrados de la importancia de las escuelas primarias, las protegerán y fomentarán, pues a los ojos de la religión no aparece ningún objeto más santo ni más pío.

4º Cualquiera que haya observado la marcha del pueblo cubano, habrá conocido, que la generosidad de sus habitantes raras veces se ha empleado en proteger los establecimientos literarios, y mucho menos la educación primaria. Existen en toda la Isla varias instituciones civiles y eclesiásticas ricamente dotadas; pero si buscamos los fondos consagrados al sostenimiento de las escuelas, casi no encontramos otros, que los de la establecida en el convento de Nuestra Señora de Belén, y los muy escasos de que dispone la Sociedad Patriótica de La Habana. Es, pues, necesario hacer un llamamiento público a favor de la educación primaria, y excitando la generosidad y beneficencia del pueblo cubano, inducirlo a que emplee estas virtudes en un obra tan eminentemente patriótica.

5º Ya que las loterías (y al repetir este nombre, no se crea que hablo de las inmundas que se juegan diariamente en los cafés) existen por cuenta de la Real Hacienda, pueden servir de palanca para levantar la educación del abatimiento en que yace en muchos de nuestros pueblos. Aunque sería de desear, que una parte del producto que ellas rinden, se dedicase al sostenimiento de las escuelas, pueden jugarse además algunas extraordinarias para crear fondos, que aplicándolos exclusivamente a la instrucción primaria, contribuyan con sus réditos a sufragar los gastos de la enseñanza. Cuántas sean las loterías, y cuáles las cantidades que hayan de jugarse, son cosas que dependen del número de escuelas que convenga establecer en toda la Isla y de otros datos que todavía no están reunidos.

6º Los conciertos, las funciones teatrales ejecutadas, ya por actores, ya por aficionados y otras diversiones públicas deben también contarse entre los recursos con que puede sostenerse la educación primaria.

7º No se crea que yo me atengo únicamente a estos recursos para establecer el sistema de educación en toda la Isla. Podía apelarse a una contribución directa, que aunque corta, fuese general, y por lo mismo, suficiente para cubrir todos los gastos de las escuelas. No es éste, como algunos pudieran pensar, un favor que el rico dispensa al pobre: es sí, un deber que la patria, la religión y el interés individual imponen a los miembros de la sociedad. ¿Cabe duda en que la ignorancia engendra los vicios y delitos, así como la ilustración los reprime y disminuye? Y cuando por falta de educación, el pueblo se entrega a ellos, ¿sobre quién pesan sus funestas consecuencias? Pesan sobre los bienes, la vida y el honor de los hombres que poseen estas joyas tan preciosas. El dinero, pues, que se da para la educación del pueblo, es un seguro que se paga por los riesgos y pérdidas que siempre causa la ignorancia. Esta contribución pudiera imponerse por cabezas; pero como para que sea justa, es preciso que se atienda a los bienes y facultades de los contribuyentes, y esta clase de datos todavía no existe entre nosotros, he aquí que parecerá aventurado. Con todo, su misma pequeñez puede allanar las dificultades, porque fijando su mínimo, por ejemplo, en cuatro reales, y su máximo en 4 pesos, se puede correr una gran escala, y como las gradaciones son casi imperceptibles, se puede alejar, o por lo menos disminuir considerablemente todo motivo de queja con respecto a desigualdades. Pudiera derramarse sobre las casas y fincas rurales, guardando la debida proporción: y pudiera también recaer sobre otros objetos, que no me atrevo ni aun a mencionar, porque siendo una materia muy delicada, exige un cúmulo de datos de que carezco. Recomiendo sí, que sea cual fuere, procure generalizarse todo lo posible, porque siendo entonces más corta respecto de cada individuo, será también menos gravosa, y, por consiguiente, habrá que vencer menos dificultades.

Cuando se reúnan los fondos necesarios, y la educación se difunda por toda la Isla, ¡cuán distinta no será la suerte de sus habitantes! Entonces, y solo entonces podrán popularizarse muchos conocimientos, no menos útiles a la agricultura y a las artes, que al orden doméstico y moral de nuestra población rústica. No pediré yo para esto, que se erijan cátedras, ni profesores en los campos. Un periódico, que quizá por vía de ensayo pudiera ya establecerse en algún paraje, un periódico, repito, en que se publicasen máximas morales y buenos consejos sobre economía doméstica, los descubrimientos importantes, las máquinas y mejoras sobre agricultura, los métodos de aclimatar nuevas razas de animales y de perfeccionar las que ya tenemos; en una palabra, todo lo que se considere necesario para el progreso de los ramos que constituyen nuestra riqueza, contribuiría sobre manera a la prosperidad de la Isla. Convendría que este periódico fuese semanal, para que las materias contenidas en él pudiesen ser leídas con detención, y los labradores tuviesen tiempo de hacer algunos de los ensayos y experimentos que pudiera sugerirles su lectura. Debería ser redactado en un lenguaje muy claro y sencillo, para que todos pudiesen entenderlo fácilmente. Es también esencial que sea corto, porque de este modo, no solo será barato, y, por consiguiente, se aumentará su circulación, sino que sus idea se fijarán mejor en la mente, y será más fácil su lectura. Una o dos hojas de papel se leen en pocos minutos sin apurar la paciencia; pero un cuaderno largo pide tiempo y hábito en la lectura: y ni aquél ni éste pueden exigirse de hombres que tienen que vivir de su trabajo corporal.

Siendo un periódico de esta naturaleza el vehículo más seguro para difundir los conocimientos, y mejorar las costumbres de la población rústica, no cabe duda en que debiera estar bajo los auspicios de los ayuntamientos y Sociedades Patrióticas. Su redacción pudiera encomendarse a dos o más individuos de su seno, o fuera de él, costeando de sus fondos la impresión, y haciendo repartir gratuitamente entre la gente del campo, el número competente de ejemplares, pues por barata que fuese la suscripción, no es de esperar que contribuyan a ella hombres a quienes es necesario excitar y halagar para que lean. El costo no puede servir de obstáculo, porque además de ser poco, se prorrateará entre todas las corporaciones que reciban el papel para repartirlo en su jurisdicción; pero aun cuando fuese costoso, sus resultados serían tan favorables, que la Isla sacaría con usura la recompensa de estos gastos. La verdadera economía no consiste en retener el dinero en las arcas, sino en saberlo gastar con provecho, y nunca lo será tanto como cuando se emplee en labrar la felicidad del pueblo.

Es cierto que la distribución de este papel sería embarazosa; pero la dificultad quedará allanada, valiéndose de la mediación de los curas rurales, o de los capitanes de partido, quienes fácilmente podrán repartirlo los domingos en la parroquia donde se congregan los feligreses. Sería útil, que después de la misa se leyese fuera de la iglesia en voz alta, por una persona respetable, porque así se le daría más interés; sería el tema de las conversaciones; los más instruidos aclararían las dudas de los menos inteligentes; y absorbida la atención en tan recomendable objeto, muchos de nuestros campesinos no pasarían ya los domingos alrededor de una mesa de juego, o entregados a otras diversiones peligrosas. ¡Tan cierto es que la ilustración es la madre de las virtudes, así como la ignorancia, el manantial fecundo de los vicios!

Mucho se habrá adelantado cuando se hayan dado todos estos pasos; pero aun queda un vasto campo que recorrer. Si contemplamos la condición de nuestras instituciones literarias, las encontraremos muy abundantes de cátedras inútiles o de poco provecho; pero muy pobres en las de verdadera instrucción. Por todas partes se han establecido clases de latinidad, por todas partes se ha compelido la juventud a que emplee tres o cuatro de los años más preciosos de su vida en la adquisición de un idioma muerto; pero ni en la Universidad de San Gerónimo, ni en el Colegio de San Carlos de La Habana, ni en el de San Alejandro en Santiago de Cuba, ni en ninguno de los conventos destinados a la pública instrucción, jamás se ha tratado de establecer una sola cátedra de lenguas vivas. Pensaran algunos, que yo me opongo a la enseñanza del latín en nuestras instituciones literarias: muy lejos estoy de eso; y quisiera, por el contrario, que se enseñase mejor de lo que generalmente se practica. Mas, aunque tal es mi deseo, quisiera también que a las lenguas vivas se diese la preferencia, porque en el giro que han tomado los negocios del mundo, el latín es para la generalidad de los hombres más bien un adorno que una necesidad, pues a excepción de muy pocas carreras, las demás pueden pasar sin él; pero las lenguas vivas, y particularmente la francesa y la inglesa, son de importancia vital. Si su enseñanza se hubiera difundido, ¿no es verdad que estarían empleados en el comercio, o en otras profesiones lucrativas, algunos de los que hoy viven en la vagancia? De pocos años a esta parte se han hecho en La Habana algunos esfuerzos para reformar este ramo importante de la educación pública. Hanse establecido academias y colegios particulares, donde se enseñan varias lenguas vivas; y aunque pronto empezaremos a recoger el fruto de estos conocimientos, todavía estamos en el caso de generalizarlos, estableciendo en nuestras instituciones literarias, clases de lenguas vivas.

Tantas cátedras de derecho civil y canónico como existen en la Universidad de La Habana; tantas de una bárbara filosofía, esparcidas por toda la Isla; tantas de sutilezas y cuestiones ridículas, impíamente bautizadas con el sagrado nombre de teología, ¿de qué provecho son ni a la agricultura, ni a las artes, ni al comercio, ni a ninguno de los ramos que constituyen la felicidad social? Haya enhorabuena, como siempre debe haber, cátedras de aquellas ciencias; pero haya solamente las necesarias, y no se multipliquen con perjuicio de otras que debieran existir. Si a su número superabundante se hubieran sustituido las matemáticas, la química, y las demás ciencias que están enlazadas con la riqueza pública, nuestras instituciones literarias habrían ensanchado la esfera de los conocimientos, habría presentado a los jóvenes nuevas carreras, y contribuido a disminuir el número de ociosos.

Yo bien sé que las ciencias no pueden ser el patrimonio de la muchedumbre, porque necesitando su largo aprendizaje de tiempo y de recursos, no son muchos los que pueden dedicarse a ella; pero sus puertas jamás pueden cerrarse a este corto número, y nunca en verdad lo estarán tanto, como cuando se les prive de los medios de ilustrarse, restringiendo la enseñanza de la ciencia. Ésta es una de las causas que han influido en la multiplicación de nuestros abogados y médicos, pues los jóvenes que desean dedicarse a las carreras literarias, se ven en la dura alternativa, o de renunciar a ellas, o de estudiar jurisprudencia o medicina, contrariando a veces aun los votos de su corazón. Cuando pido la sustitución de nuevas cátedras a las inútiles existentes, no es con la mira exclusiva ni principal de formar sabios, aunque me alegraré sobremanera de que los haya. Mi objeto es iniciar en los rudimentos de algunas ciencias a una porción considerable de la juventud, que de este modo podrá ganar el pan honradamente, sin dictar escritos, ni tomar el pulso. Lograríase esto, estableciéndose con preferencia cátedras de aquellas ciencias que sean más análogas a la condición actual y prosperidad futura de la isla de Cuba: enseñándolas, no en abstracto, como generalmente se ha hecho hasta aquí con las pocas que tenemos; sino con aplicación a ciertos ramos particulares, y despojándolas de todas las cuestiones inútiles que atormentan el espíritu, y del lujo que solo sirve para brillar en las aulas y academias. ¿Pero cuáles son estas ciencias? He aquí una pregunta a que yo no debo responder, porque siendo ella uno de los temas que la Sociedad ha propuesto para su resolución, dejaré a otras plumas el cuidado de desenvolverle.

Sin decir, pues, cuál o cuáles sean las ciencias a que haya de darse la preferencia, me parece que la náutica es uno de los ramos que deben llamar nuestra atención, pues su estudio hará, que muchos jóvenes se empleen en la marina mercante; y como Cuba está llamada por la naturaleza a ser un pueblo mercantil es necesario que empecemos desde ahora a formar, no solo pilotos, sino también marineros. A esta carrera podrían destinarse muchos de los niños, que abandonados por sus padres, o quedando en la orfandad y pobreza, tienen que recibir su educación de la caridad pública. Los ayuntamientos deberían encargarse del cuidado de recoger a los que se encontrasen en tal estado, y entregando cierto número de ellos a capitanes de buques mercantes, con todas las seguridades necesarias, harían el doble servicio de dar ocupación a muchos seres infelices, y brazos útiles a la patria.

Preocupación de las familias
Por un trastorno funesto de las ideas sociales, generalmente se consideraron entre nosotros como ocupaciones degradantes, las que son el apoyo más firme de los Estados. Derivose de aquí, que nuestros jóvenes huyesen de ellas, y que si querían abrazar alguna, fuese tan solo de las que en su concepto eran honrosas; pero como éstas solamente podían dar colocación a un corto número, necesariamente hubieron de quedar muchos excluidos. Como viles se condenaron en Cuba los oficios de zapateros, sastres, carpinteros, herreros, albañiles, y todos los demás que son altamente apreciados en los pueblos más cultos de la tierra; y tan lamentable fue el extravío de la opinión, que esta mancha fatal se extendió a casi todas nuestras profesiones.

Pero es menester que seamos imparciales, y que confesemos, que esa preocupación de las familias es hasta cierto punto disculpable respecto de algunas profesiones. De algunas, digo, porque en cuanto a otras, es imposible encontrar razón que justifique el doloroso extravío de la opinión. ¿Mas, cuál es esta disculpa? Es lo que

Las artes están en manos de la gente de color
Entre los enormes males que esta raza infeliz ha traído a nuestro suelo, uno de ellos es el de haber alejado de las artes a nuestra población blanca. Destinada tan solo al trabajo mecánico, exclusivamente se le encomendaron

todos los oficios, como propios de su condición; y el amo que se acostumbró desde el principio a tratar con desprecio al esclavo, muy pronto empezó a mirar del mismo modo sus ocupaciones, porque en la exaltación o abatimiento de todas las carreras, siempre ha de influir la buena o mala calidad de los que se dedican a ellas. El transcurso de los años fue acumulando nuevos ejemplos, y la opinión pervertida, lejos de hallar un freno que la contuviese y enderezase a buena parte, corrió desbocada hasta hundirnos en la sima donde hoy nos encontramos. En tan deplorable situación, ya no era de esperar que ningún blanco cubano se dedicase a las artes, pues con el hecho solo de abrazarlas, parece que renunciaba a los fueros de su clase: así fue, que todas vinieron a ser el patrimonio exclusivo de la gente de color, quedando reservadas para los blancos las carreras literarias y dos o tres más que se tenían por honoríficas. Levantada esta barrera, cada una de las dos razas se vio forzada a girar en un círculo reducido, pues que ni los blancos podían romperla, porque una preocupación popular se lo vedaba; ni tampoco los negros y mulatos, porque las leyes y costumbres se lo prohibían.

Tiempo ha que se publicaron leyes protectoras de la industria, ennobleciendo las artes; pero sin investigar ahora, porque no es del caso, los efectos que hayan producido en la Península, forzoso es decir, que si se extendieron a Cuba, no hemos reportado de ellas ningún bien. Ni era de esperar otra cosa, porque cuando la ley entra en lucha abierta con las ideas de honor o de infamia que se han formado los pueblos, y no las combate con otras armas que las de su autoridad, aquéllas por desgracia siempre quedan triunfantes. La ley en tales casos debe proceder con cautela, debe caminar a su fin por sendas tortuosas, y valiéndose de medios indirectos, ir minando la opinión, hasta que llegue el día en que pueda descargar un golpe decisivo.

Para inducir la población blanca a que se dedique a las artes, no me parece tampoco que el título de nobleza es buen medio de conseguirlo. Las artes no necesitan para florecer de tan alta distinción; bástales no ser envilecidas, pues dejándolas en completa libertad, buscarán el puesto que las necesidades sociales les prescriban. Las artes son muy modestas: los artesanos no ambicionan títulos de nobleza; buscan tan solo un pan con que alimentarse; pero pan que no esté envenenado con el insulto del rico, y con el desprecio del grande. La nobleza es una calidad que no depende de las leyes; dala solamente la opinión, y si le falta la herrumbre de los siglos, no será, ni aun a los ojos del pueblo donde se tenga en gran estima, sino un hombre insignificante y ridículo. Yo compararía la nobleza con los vinos que se sirven en las mesas de gran tono, pues por excelentes que sean, si no se sabe que tienen 40 o 50 años, los convidados no les dan su completa aprobación.

Las circunstancias en que se halla Cuba, deben contemplarse con ojos muy perspicaces. En los países, donde toda la población es homogénea, las diversas clases en que está dividida, solamente se hallan aisladas por barreras que a pocos esfuerzos pueden salvarse. Los individuos que pertenecen a unas, fácilmente pasan a otras, pues el talento, el valor y el dinero son las grandes palancas que incesantemente las mueven para elevarlos de una clase inferior a otra superior. ¿Pero estas consideraciones son aplicables a Cuba? El ilustre cuerpo patriótico sabe muy bien que no. Mas, nada adelantamos con llorar nuestras desgracias, si no les aplicamos el remedio: remedio tanto más urgente, cuanto nuestra población blanca se va aumentando con rapidez, y si no le abrimos nuevas carreras, yo no quiero pensar cuál será nuestro porvenir.

Creen algunos que este mal es incurable; pero si se les pregunta por qué, jamás dan una respuesta satisfactoria. Tales hombres no reflexionan, que muchas de las enfermedades morales son más susceptibles de medicina que las físicas, y que si descubren un carácter rebelde, es porque ni se atina con el remedio, ni tampoco se le sabe aplicar. No es dable que en un día, ni en un año puedan arrancarse las preocupaciones que nos trasmitieron nuestros mayores, ni que presten su benéfica influencia todos los que pudieran y debieran; antes habrá algunos que contribuirán a fortificarlas con sus palabras y acciones parricidas; pero nada debe arrendrarnos, porque si acometemos y seguimos la empresa con prudencia y constancia, bien podemos contar desde ahora con el triunfo.

Juzgan otros, que esta reforma debe ser obra exclusiva del tiempo, pues en su concepto son inútiles cuantos esfuerzos se hagan. Apoyando su opinión con la historia de nuestros progresos industriales, dicen que ha muchos años que no se veían artesanos blancos en nuestro suelo, pero que ya hoy se encuentran algunos forasteros, los cuales servirán de ejemplo a los cubanos. Sin duda que éste es un gran paso; pero jamás debe fiarse a solo el tiempo la reforma que buscamos, porque careciendo aquellas personas de relaciones e influencia social, no pueden producir todo el bien que se desea.

Para acelerar esta época venturosa, es menester que empecemos por hacer una revolución en las ideas. Los padres de familia deben ser los principales encargados de ella, pues las lecciones que dan a sus hijos en la niñez, son casi siempre la norma de la conducta de éstos. Sé muy bien, que el mal que nos aflige depende en gran parte de la educación doméstica, y así parecerá una contradicción, que yo vaya a buscar el remedio a las mismas fuentes de donde nace la enfermedad. Cierto es, que hay padres de familia que fomentan preocupaciones orgullosas en el corazón de sus hijos; pero también lo es, que hay otros que les inspiran buenas ideas; y si no llegan a practicarlas, es porque no encuentran una mano generosa que les dé el apoyo necesario. Mas, cuando estos padres vean, que ya se hacen esfuerzos por sostenerlos, y que la causa, lejos de retrogradar, diariamente gana terreno: cuando toquen las utilidades de convertir un hijo holgazán en un hombre laborioso, y que puede llegar a ser uno de los ciudadanos que más honren a su patria, entonces ellos serán los primeros interesados en la reforma; otros se apresurarán a seguir su ejemplo, y aumentándose su número, formarán en breve una masa impenetrable, que los cubrirá de los tiros de la insolencia.

Yo no espero, que los ricos se conviertan en artesanos: pido tan solo que no los insulten con su necio orgullo: que no corrompan el corazón de sus hijos, infundiéndoles sentimientos bárbaros y antipatrióticos, sentimientos que quizá algún día podrán serles muy funestos; porque el hombre rico nutrido desde la infancia con estas ideas orgullosas, si llega a caer en pobreza, como ocurre con frecuencia, está condenado a vivir en la desgracia, pues mira como infames muchas ocupaciones con que pudiera ganar el pan. Hoy, hoy mismo, ¡cuán tristes ejemplos no presentan a nuestros ojos las revoluciones de España y de América! ¡Y cuántos, cuántos de los que hora son víctimas de la miseria, no habrán llorado amargamente los extravíos de su educación! Únanse, pues, los buenos padres; exhorten unos a sus hijos, para que abracen, y otros para que respeten y estimen las artes; muestren este respeto y estimación con palabras y con hechos; contradigan, y, si fuere necesario, censuren a los indiscretos que en las conversaciones o de otro modo se produzcan en términos ofensivos a profesiones tan honrosas; sean siempre sus valientes defensores, así por escrito, como de palabra; e intimidando con su conducto a unos, y dando aliento a otros, los padres de familia tendrán la gloria de contribuir a la verdadera felicidad de Cuba.

Los preceptores que dirigen la educación, son los segundos a quienes debe encargarse esta reforma. Por una desgracia harto lamentable, la mayor parte de los maestros creen, que sus deberes están reducidos a dar a sus discípulos, algunas ideas puramente científicas, o a facilitarles los medios de adquirirlas; pero juzgan, que la educación moral, que es sin duda la más importante en la primera edad, está fuera de su instituto. Es, pues, necesario recomendarles este ramo, como parte esencial de sus funciones, para que inspiren a sus discípulos el amor al trabajo físico e intelectual, les manifiesten las inmensas ventajas que producen, y les pinten con vivos colores los gravísimos males que pesan sobre esta Isla, por haberse considerado como degradantes, las ocupaciones que se ejercen con provecho y con honor en todos los países civilizados. A estas saludables lecciones convendría añadir ejemplos sacados de la historia, presentando a los niños un breve catálogo de los hombres que han sobresalido de las artes, y de los que habiendo empezado por ocupaciones honrosas en sí, pero injustamente envilecidas entre nosotros, han merecido los aplausos de la posteridad, y llegado a ser la gloria de los pueblos donde nacieron. De este modo, el hombre siempre dispuesto a imitar, y más que nunca, en la infancia, sentirá desde sus tiernos años el noble deseo de alcanzar la misma celebridad que sus modelos.

El departamento de niños pobres que existe en la Casa de Beneficencia de esta ciudad, ofrece a la patria el mejor plantel de donde saldrán laboriosos y honrados artesanos. Destituidos de recursos, exentos muchos de ellos del contagio que pudieran comunicarles las preocupaciones paternales, viviendo en un estrecho recinto donde no hay objetos que les inspiren las ideas de un necio orgullo, y confiada su educación a personas no menos ilustradas que virtuosas, los niños de la Casa de Beneficencia me parecen unos ángeles bajados del Cielo para establecer entre nosotros el imperio de las artes, y esparcir en nuestro suelo las bendiciones de la industria. Las ocupaciones honrosas, que acosadas por nuestra vanidad, huyen despavoridas, encontrarán allí un asilo, y fijando en él su mansión, extenderán su benigno influjo por todo el ámbito de la Isla. No está lejos el día en que al recorrer las calles de La Habana, contemplemos con placer a algunos de sus hijos trabajando en sus talleres, y dando a sus compatriotas el ejemplo más laudable de honradez y despreocupación; pero estos hijos, y ojalá que me engañara, probablemente saldrán primero de la Casa de Beneficencia.

Quizá pensaren algunos, que el ejercicio de las artes por nuestra gente de color, será un obstáculo insuperable para domiciliarlas entre los blancos. Estos temores son vanos, porque ilustrada que sea la opinión, el pueblo sabrá distinguir las artes de las personas, y conocerá que si éstas pueden degradar a aquéllas, también pueden realzarlas y ennoblecerlas. Pasando de los raciocinios a los hechos, Cuba nos ofrece claros ejemplos de esta verdad, pues vemos que los blancos también siguen ocupaciones en que se emplean los hombres de color. La ganadería y la agricultura están en manos de unos y otros: juntos corren tras el toro y la novilla en la sabana y en el sao, y juntos también rompen los campos y se pasean por el surco que abren con el arado. La música goza igualmente de esta prerrogativa, pues en las orquestas de los conciertos y teatros vemos confusamente mezclados a los blancos, pardos y morenos; y si los primeros tienen mérito, tan lejos están de ser menospreciados, que son el adorno de las tertulias habaneras. En toda la Isla se encuentran costureras blancas, que pública y honradamente ejercen esta profesión, mientras que en las personas del sexo masculino solamente se dedican a ella los pardos y morenos. ¿Cuál son, pues, las ocupaciones que también siguen aquéllos? Esto, que en algunas se extravió la opinión desde su origen; mientras en otras, pudo la razón ejercer su imperio saludable. Restitúyanse, pues, a ésta, los derechos que le usurparon la preocupación y el orgullo; y todas las artes serán ejercidas por los individuos de ambas clases.

A los esfuerzos de la educación convendría añadir el apoyo de todos los ayuntamientos, pues ni pueden ni deben mirar con indiferencia un objeto tan digno de sus funciones. Las Sociedades Patrióticas pudieran también nombrar una sección o comisión que exclusivamente se encargase de materia tan importante; y si juzgan que la reforma que deseamos, puede acelerarse, dando una muestra honrosa del aprecio con que miran a los hijos blancos de Cuba que abracen algún oficio, yo propondría, que las Sociedades de cada pueblo concediesen patente de *Protectores de la industria cubana* a cierto número de los primeros, que se dediquen a cualquiera de las artes. Digo de los primeros, porque como este premio solamente producirá a los principios sus benéficos efectos, ni es necesario prolongarlo hasta un tiempo en que ya descansemos sobre otras bases. Al proponer esta medida, no trato de formar un cuerpo de artesanos con privilegios sobre los demás que no obtengan la patente, pues semejantes prerrogativas serían destructoras de la reforma que necesitamos. Tampoco pido un título de nobleza, sino un estímulo honroso, que acompañado de los esfuerzos que se hagan por destruir las preocupaciones contra las artes, produzcan a la patria un resultado feliz.

¿La fertilidad y abundancia de la isla de Cuba?
Ved aquí una de las causas a que muchos atribuyen la vagancia entre nosotros; pero en mi concepto no es más que una frívola disculpa. ¿Para qué, dicen ellos, para qué se ha de afanar el hombre en esta Isla dichosa, si con regar las semillas en el campo, la naturaleza, casi sin auxilio, viene a ofrecerle dentro de poco tiempo, el fruto regalado con que le ha de alimentar? Trabajen aquéllos, cuyo suelo estéril siempre está sediento del sudor humano; pero no nosotros, que a la naturaleza más que a la industria debemos los productos de la agricultura.

Aun cuando la isla de Cuba fuese el país más fértil y abundante del globo, todavía este lenguaje se debe condenar como falso en sus principios y funesto en sus consecuencias. Cierto es, que la fertilidad extiende su benéfico influjo a las operaciones de la agricultura; pero no habrá quien pueda soñar, que las artes florezcan, el comercio prospere, y la ilustración se adelante en ningún país, tan solo porque sus terrenos sean fértiles, y produzcan abundantes cosechas. Si el artesano en su taller, el comerciante en su escritorio, y el literato en su bufete, no trabajan con tesón, de poco podrá servirles la fertilidad de las tierras del país donde habiten, pues, aunque ella favorece directamente a los agricultores, su beneficio es indirecto y muy secundario respecto de las demás clases de la sociedad.

La riqueza natural del suelo cubano, lejos de servir de disculpa, es un argumento que puede emplearse contra el estado de nuestras costumbres.

La condición de los pueblos salvajes no debe confundirse con la de los civilizados. Aquéllos fían a la naturaleza el cuidado de sustentarlos, pues sus esfuerzos industriales no tienen más estímulos que el de acallar los gritos del hambre, y satisfecha esta necesidad, se entregan al sueño o a la guerra. Los civilizados, al contrario, como que tienen más ideas, tienen más necesidades, e imponiéndoles el orden social en que viven, el deber, y a veces el placer de satisfacerlas, la industria más que la naturaleza viene a ser el apoyo de su conservación. Si pues Cuba es un país civilizado, los esfuerzos de sus hijos agricultores deben dirigirse, no a tener un plátano con que alimentarse, ni un cañamazo con que cubrir sus carnes, sino a saber aprovecharse de las ventajas que les ofrece la naturaleza para vivir felices por medio del trabajo.

Causa lástima recorrer los campos de Cuba, y observar el cuadro que en lo interior de ella presenta nuestra población rústica. Parajes hay donde el viajero entra en la casa de una familia, y no encuentra en ella ni un jarro en que apagar la sed, ni una silla donde sentarse a reposar la fatiga, ni puede volver la vista a ninguna parte, sin que le atormenten la inmundicia y la miseria. ¿Y para tener delante este espectáculo, es que se alega la fertilidad de nuestro suelo? ¡Funesta y detestable fertilidad la que produce tantos males! Si fuera dable trasladar a nuestros campos una colonia de agricultores holandeses o ingleses ¡qué transformación tan prodigiosa no experimentaría nuestra Cuba en el discurso de un año! ¡Qué situación tan distinta no presentaría su población rústica! ¿Y a qué podría atribuirse tan enorme diferencia? Atribuiríase únicamente al hábito del trabajo en unos, y a la indolencia en otros; pues mientras ésta exista, sea cual fuere el clima o región en que el hombre habite, su patrimonio siempre será la pobreza y la desgracia.

¿Clima?

Como causa poderosa de la indolencia se cita también el clima cálido en que habitamos. Esta opinión errónea, engendrada en el cerebro de algunos visionarios, y sostenida falsamente por Montesquieu y otros autores, ha ido pasando de libro en libro, y adquirido con el tiempo, si no los honores de verdad, a lo menos los de una preocupación popular. De buena gana entraría en el examen detenido de este punto importante; pero exigiendo de suyo una Memoria especial, me contentaré con hacer algunas breves reflexiones.

Cierta y muy cierta es la influencia del clima en algunas calidades físicas del hombre; pero extenderla a todos los usos y costumbres de los pueblos, y extenderla en tales términos, que, a pesar de los distintos gobiernos, religiones y educación, los habitantes de países cálidos estén condenados a ser débiles, perezosos, cobardes, ignorantes, viciosos y esclavos, mientras los de climas fríos estén llamados por la naturaleza a ser fuertes, activos, valientes, sabios, virtuosos y libres, es uno de aquellos delirios que más prueban la flaqueza del entendimiento humano. Bastaría para desengañarnos, abrir las historias y los viajes, y observando en ellos las vicisitudes de las naciones, conoceríamos el distinto rango que alternadamente han ocupado en la escena del mundo.

En países cálidos habitaron los partos, los asirios y los árabes, que con las armas en la mano sometieron a su imperio grandes y poderosas naciones. En países cálidos habitaron los fenicios, a quienes celebra la historia como los primeros comerciantes de la antigüedad; y cuyo genio emprendedor, lo mismo que el de sus hijos los cartagineses, rivaliza con el de los pueblos modernos más activos y más osados. En los países cálidos habitaron aquellos valientes romanos que fuerza tuvieron para imponer su yugo a casi todos los pueblos de la tierra. En países cálidos habitaron los egipcios, cuyos monumentos y ciencias hicieron de su patria el centro del saber humano. Cuando los bárbaros del Norte y del Oriente envolvieron la Europa en las tinieblas, ¿quiénes la sacaron de la ignorancia en que por siglos yació sumergida? Fueron cabalmente los países más cálidos de ella, pues que están situados en su región meridional. Al tiempo del descubrimiento del Nuevo Mundo, los países más civilizados fueron Méjico y el Perú, situados ambos entre los trópicos; pero desde entonces hasta hoy, quizá no se han encontrado otros tan bárbaros como los habitantes del estrecho de Magallanes en las frías regiones del Sur y los esquimales en las heladas del Norte.

Las vicisitudes políticas y morales que han experimentado las naciones en el transcurso de los siglos, no pueden explicarse por la teoría de los climas. ¡Qué trastornos no ha sufrido esta misma América desde el establecimiento de las colonias europeas! Las ideas y costumbres de los pueblos americanos

varían aun bajo los mismos trópicos y en climas semejantes, según el origen de los nuevos pobladores; y la gran república, que desde las márgenes del San Lorenzo hasta las aguas del golfo mejicano, descuella por sus rápidos progresos sobre todas las naciones del globo, no debe su importancia a la naturaleza del clima, sino a la educación que recibieron sus hijos, y al carácter de sus instituciones. ¡Qué diferencia, o mejor dicho, qué contradicción entre los libres y valientes romanos de los días gloriosos de la república, y los débiles esclavos de la época calamitosa de la decadencia del imperio! La expirante dignidad de Roma solamente se señalaba entonces por la libertad y energía de sus quejas. «Si no podéis, así suplicaba ella al virtuoso Tiberio, segundo emperador de Oriente, si no podéis libertarnos de la espada de los lombardos, redimidnos al menos de la calamidad del hambre». ¡Así habló un día la dominadora del orbe! ¿En qué se parecen el genio y la actividad de los antiguos griegos, a la ignorancia e indolencia en que hasta pocos años han vivido sus descendientes? ¿Qué hay de común entre los ingleses de los tiempos de César, y el coloso que hoy domina los mares? ¿Qué comparación entre la cortesanía y conocimientos de los franceses, y la ignorancia y rudeza de los galos, sus antecesores? ¿Qué semejanza entre la industria y la ciencia de los actuales tudescos, y la pereza y la barbarie de los germanos, sus progenitores? Recorriendo la historia, bien pudiera yo ir acumulando ejemplos; pero los citados bastan para conocer que las calidades políticas y morales, y aun muchas de las físicas no dependen del clima, y que sea cual fuere la influencia que se le quiera dar, sus efectos pueden ser modificados y aun destruidos por la forma de los gobiernos y un buen sistema de educación.

Aun concediendo que en los climas cálidos no se pueda trabajar tanto como en los templados o fríos, esto nunca puede aplicarse como causa del mal que padecemos, porque entre los esfuerzos de la actividad y el letargo de la apatía, media un inmenso campo. Si el clima se opone a que sus hijos sean tan industriosos como los ingleses, de aquí no puede inferirse que debamos vivir en la indolencia. ¿No tenemos en nuestro suelo muchos naturales y extranjeros, que son tan laboriosos como los habitantes de países fríos? ¿Y cuál es la razón porque el clima no se opone a sus esfuerzos? No se opone, porque tuvieron la fortuna de adquirir el hábito del trabajo, y cuando el hombre posee esta virtud, se burla del rigor de las estaciones. Inspiremos, pues, esta verdad a todos los cubanos con lecciones y con ejemplos, y no fomentemos una preocupación que destituida de fundamento, solo sirve para agravar nuestros males.

Parte segunda
No satisfecha la Sociedad Patriótica con que se le expongan las causas de la vagancia en la isla de Cuba, y los medios de atacarla en su origen, mejorando la educación doméstica y pública, pide también que se le indiquen los

Objetos a que pueden aplicarse los vagos
Para proceder con acierto en esta materia, deben distinguirse los *vagos* de los *viciosos*. Establecida esta diferencia, resta saber si el programa se refiere a los vagos meramente tales, o a los vagos viciosos. Si se atiende al sentido literal de sus palabras, parece que solamente habla de los primeros; pero si se entra en las intenciones del ilustre cuerpo patriótico, no cabe duda en que se extiende a unos y a otros.

Que la sociedad tiene derecho a corregir todos los vagos, es punto que nadie se atreverá a disputar, pero aun los meramente tales la privan de los servicios que todo hombre está obligado a prestarle, y ofrecen a las demás clases un ejemplo pernicioso. Pero como en política y en moral no debe confundirse la posesión de un derecho con su ejercicio, porque pueden ser tales las circunstancias que le acompañen, que el buen legislador se vea forzado a renunciar o suspender su ejecución, piensan algunos que la acción de las leyes solamente debe alcanzar a los vagos viciosos, y no a los meramente tales, pues el descubrimiento y persecución de éstos, puede conducir a un sistema de espionaje, que atacando la seguridad individual, turbe el reposo de la sociedad.

Estas máximas pueden aplicarse sin ningún inconveniente a los países donde el amor al trabajo ha llegado a ser una virtud popular, y donde la opinión persigue a los ociosos, pues apoyadas las leyes en tan firme garantía, bien pueden suspender su imperio, reservando sus castigos para los casos en que los vagos cometan algún delito. Pero los pueblos que se hallan en distintas circunstancias, deben seguir un rumbo totalmente contrario. Sucede con el cuerpo social lo mismo que con el humano, que cuando es robusto y bien constituido, puede preservarse por sí solo con el socorro de la medicina; pero cuando es débil y achacoso, necesita de remedios para sacudir la enfermedad. La tendencia de toda buena legislación debe ser prevenir los males, antes que castigarlos, porque tal es el corazón humano, que llega a familiarizarse aun con las penas más severas, y si bien el temor de ellas retrae a algunos de la perpetración de ciertos actos, todavía no es un freno suficiente para reprimir los malos hábitos, ni dominar las circunstancias peligrosas en que suele el hombre encontrarse. El cumplimiento de las leyes criminales es un triste ministerio: sus castigos, aunque saludables, excitan la compasión general, y participando los jueces de este sentimiento, se hallan casi siempre inclinados a favorecer la suerte de los reos. Estas reflexiones nos convencerán, de que si deseamos purgar nuestra sociedad de muchos delitos, debemos tomar un partido contra los vagos, porque hombres sin oficio, ni ocupación, ni bienes con que mantenerse, necesariamente han de jugar, robar y cometer otros delitos, que ya por falta de pruebas, ya por otros motivos, muchas veces quedarán impunes.

Pero ¿qué partido se tomará? Para proceder contra los vagos, conviene distinguir a los ociosos que tienen algunos bienes con que sostenerse, de los que carecen de ellos. Las medidas que voy a proponer, no deben abrazar a los primeros, porque aunque a la sociedad importa que cada miembro le haga algún servicio, con todo, el que tiene de que subsistir, inspira la confianza de que no apelará a medios infames para satisfacer sus necesidades; y, al fin, si no da nada a la patria, por lo menos no le quita. Pero cuando el hombre carece de recursos pecuniarios o industriales, entonces existen contra él sospechas vehementísimas, y por lo mismo se deben tomar precauciones para impedir los daños que puede causar.

Conocidos que sean los vagos de esta especie, la autoridad los compelerá a que tomen alguna ocupación; y para que no se diga, que atropella la libertad individual, dejará a su elección la que más les convenga, prefijándoles un término perentorio, dentro del cual deberán abrazarla. Si voluntariamente no lo hicieren, entonces ella procederá, ya entregando unos a los artesanos para que les enseñen oficios, ya empleando otros en la marina mercante, ya, en fin, destinándolos a otras ocupaciones provechosas. Si tampoco quisieren abrazarlas, se les dará un corto plazo, para que salgan de la Isla, pues no teniendo ya la patria que esperar de ellos ningún bien, y sí mucho mal, debe arrojarlos de su seno como miembros corrompidos. Pero si todavía persistieren en ella, la autoridad, o los lanzará de nuestro suelo, o los condenará a trabajar en beneficio público, pues aun suponiendo que en este último caso no se saque de ellos ningún provecho, la sociedad a lo menos se librará de los delitos que han de cometer.

No es difícil averiguar quiénes son los vagos que existen entre nosotros, pues para esto basta tomar algunas medidas enérgicas confiando su cumplimiento a hombres íntegros, activos y dignos de la pública confianza. Ellos podrían formar una junta, que especialmente se encargue del descubrimiento de los vagos; y para lograrlo, convendría dividir todas las poblaciones en cuarteles, poniendo cada uno de éstos al cuidado de uno de aquellos individuos para que hagan un censo en que se inscriba el nombre, patria, edad, estado, profesión, bienes, calle y número de la casa de cada uno de sus habitantes, exigiendo, además, que los que digan que ejercen algún oficio o profesión fuera de la casa en que se hallan al tiempo de formar el censo, designen el edificio o paraje donde trabajan. Para facilitar estas operaciones y disminuir las cargas, repartiéndolas entre mayor número de individuos, podrían hacerse subdivisiones de los barrios grandes que existen en algunas villas y ciudades. Mándese también, bajo una multa, que todo dueño o inquilino de casa dé al individuo encargado del cuartel respectivo, aviso por escrito, a más tardar dentro de dos días, de cualquiera persona que se mudare a ella o de ella, para que pudiendo tomarse los informes necesarios, se sepa quiénes son los que viven en cada barrio. Un examen de esta naturaleza solamente podrá ser temible a los pícaros, porque el hombre de bien, no teniendo nada que le intime, mirará cifradas en él su conservación y seguridad. Estas medidas deberán extenderse también a los campos, encargando su cumplimiento, a los hombres que por su probidad y energía inspiren al público confianza.

Pero si nuestros esfuerzos se encaminan a exterminar la vagancia, no basta saber quiénes son los vagos, ni que solo nos empeñemos en reformarlos o castigarlos: es menester, además, impedir que otros caigan en ella, y tanto bien no puede lograrse sin remover las causas que existen con mengua y deshonra nuestra. Mientras no se cierren de una vez todas las casas de juego, y se corrijan los abusos de las loterías y billares, ya con medidas directas, ya con paseos, y ateneos, bibliotecas y museos: mientras no se supriman tantas festividades, que no siendo ya lo que fueron, solo sirven para corromper las costumbres y profanar la religión que las estableció: mientras no se abran caminos, se construyan casas de pobres y de huérfanos, las cárceles sufran una reforma radical, y los desórdenes del foro queden desterrados: mientras la educación pública no se mejore, ya difundiendo hasta los campos las escuelas primarias, ya multiplicando la enseñanza de las ciencias útiles: mientras no se ensanche el estrecho círculo de ocupaciones en que hoy se ve condenada a girar la población cubana, y las artes envilecidas se levanten a gozar de las consideraciones a que tan dignamente son acreedoras: mientras, en fin, los males que proceden de estas causas, se quieran cohonestar con la fertilidad y abundancia del suelo y con la influencia del clima, Cuba jamás podrá subir al rango a que la llaman los destinos. Sus campos se cubrirán de espigas y de flores; hermosas naves arribarán a sus puertos; una sombra de gloria y de fortuna recorrerá sus ciudades; pero a los ojos del observador imparcial, mi cara patria no presentará sino la triste imagen de un hombre, que envuelto en un rico manto, oculta las profundas llagas que devoran sus entrañas.

Mientras yo permanecí en Cuba, la *Memoria sobre la vagancia* fue respetada; pero a los dos meses de mi salida de aquella Isla, ella sirvió de pretexto para atacar cobardemente mi persona. El hombre que tal hizo, tuvo un trágico fin, y el respeto que me impone la desgracia, me obliga a callar su nombre. Ninguno menos que él debió haberse encarnizado contra mí, tomando por tema aquella Memoria, pues escribió sobre el mismo asunto, y concurrió conmigo a disputar el premio ofrecido por la Sociedad Patriótica. Aunque ausente, no me faltaron amigos que saliesen a mi defensa, y los cubanos que deseen recordar las cosas que han pasado en su tierra, podrán leer los dos papeles que se publicaron en el *Diario de La Habana* del 26 de noviembre de 1834.

Libros a la carta

A la carta es un servicio especializado para
empresas,
librerías,
bibliotecas,
editoriales
y centros de enseñanza;
y permite confeccionar libros que, por su formato y concepción, sirven a los propósitos más específicos de estas instituciones.

Las empresas nos encargan ediciones personalizadas para marketing editorial o para regalos institucionales. Y los interesados solicitan, a título personal, ediciones antiguas, o no disponibles en el mercado; y las acompañan con notas y comentarios críticos.

Las ediciones tienen como apoyo un libro de estilo con todo tipo de referencias sobre los criterios de tratamiento tipográfico aplicados a nuestros libros que puede ser consultado en linkgua-ediciones.com .

Linkgua edita por encargo diferentes versiones de una misma obra con distintos tratamientos ortotipográficos (actualizaciones de carácter divulgativo de un clásico, o versiones estrictamente fieles a la edición original de referencia).

Este servicio de ediciones a la carta le permitirá, si usted se dedica a la enseñanza, tener una forma de hacer pública su interpretación de un texto y, sobre una versión digitalizada «base», usted podrá introducir interpretaciones del texto fuente. Es un tópico que los profesores denuncien en clase los desmanes de una edición, o vayan comentando errores de interpretación de un texto y esta es una solución útil a esa necesidad del mundo académico.

Asimismo publicamos de manera sistemática, en un mismo catálogo, tesis doctorales y actas de congresos académicos, que son distribuidas a través de nuestra Web.

El servicio de «libros a la carta» funciona de dos formas.

1. Tenemos un fondo de libros digitalizados que usted puede personalizar en tiradas de al menos cinco ejemplares. Estas personalizaciones pueden ser de todo tipo: añadir notas de clase para uso de un grupo de estudiantes,

introducir logos corporativos para uso con fines de marketing empresarial, etc. etc.

2. Buscamos libros descatalogados de otras editoriales y los reeditamos en tiradas cortas a petición de un cliente.

www.ingramcontent.com/pod-product-compliance
Lightning Source LLC
Chambersburg PA
CBHW022124040426
42450CB00006B/841